Tucher-
straße
Schmausengas.
Vord. Fischergas.
Hübners-
platz
Hint.
Fischergas.
Am Sand
Neue Gasse
Wunder-
Mart-Treu-
Str.
Zu Uns. Lieb.
Frau
Kirche
Frauen-
kirche
H.-Sachs-Gas.
H.-Sachs-
Dkm.
Engelsgas.
Ploben-
hof
Ploben-
hofstr.
Sachs-Pl.
Spitalgas.
Spitalbrücke
Kreuzi-
gungshof
Museums-
brücke
Heilig-
Geist-Spital
Vordere
Insel Schütt
Kl.
Insel Schütt
Hint. Insel
Schütt
Hoher
Steg
Lauf
markt
TAXI
Universität
Unt.
Bergauerpl.
Heubr.
Bayer.-Landes-
gewerbeanst.
Wespennest
Agnes-
brücke
Findelgasse
Königstr.
Bank-
Bay.
Staatsb.
Plarrgasse
Oberer
Bergauer-
platz
Nonnen-
gasse
Marstall-
br.
Am Katharinenklost.
Städt.
Musikkoservat.
Volks-
bücherei
Nonnengartenstr.
Norishalle
Marientormauer
Steubenbrücke
Neue Steubenbrücke
ADAC
Prinzreg
Johann-
Wöhrder
Wiese
Wöhrder
Tugend-
brun.
Lorenzer
Platz
Peter-Vischer-
Str.
Katharinengas.
Gewerbe-
museum
Gewerbe-
museums-
pl.
Marientorgraben
Wasser-
u. Schiff-
fahrtsa.
St.-Lorenz-
Kirche
ST. LORENZ
KIRCHE
Kosmet.
Klinik
Lorenzer
Kürschners-
hof
Rosengas.
Kühnertsgas.
Marien-
torzwing.
Blumen-
straße
Hader-
mühle
Wollen-
gäßch.
Weißgerbergäßch.
Weikertsgäßch.
Theatergasse
Johan-
nesgas.
Stadtplan.-
Amt
St. Marien-
tor
Ober-
postdir.
Städt.
Verwalt.-Geb.
Bauhof
Kunsthalle
Nbg.
Marien-
Johannes-
Baumst.
Hs.
Königstormauer
Königstorgrab.
Gleiß-
bühl-
straße
Hallplatz
Klara-
gasse
Peuntgas.
St.-Klara-
Kirche
St.-Martha-
Kirche
Flaschen-
Amerika
haus
Marien-
platz
German.-
Nationalmus.
Luitpoldstr.
Vordere Sterngas.
Hopfenstr.
Omnibus-
bahnhof
Bad-
straße
Königstor
Königs-u.
Frauentor-
zwinger
Bahnhofs-
Bahnhof-
Ob. Grasersgasse
Unt. Grasersgasse
Hint. Sterngas.
Sterntor
Frauentormauer
Frauen-
tor
platz
Bahn-
posta.
Hauptbahnhof
Tafelhofstraße
Hochbauamt
Hauptbahnhof
Nürnberg
Allersberger
Unterführung
Eilgutstr.
Köhn-
Neudörferstr.
ST. PETER

Pfistermeister

Nürnberg – Zauber einer unvergänglichen Stadt in Farbbildern und alten Stichen

Ursula Pfistermeister

NÜRNBERG

Zauber einer unvergänglichen Stadt in Farbbildern und alten Stichen

Verlag Hans Carl Nürnberg

Einbandvorderseite: Blick zum Dürerhaus
Einbandrückseite: Detail am Schönen Brunnen

Die Deutsche Bibliothek – CIP-Einheitsaufnahme

Pfistermeister, Ursula:
Nürnberg: Zauber einer unvergänglichen Stadt in Farbbildern und alten Stichen / Ursula Pfistermeister. – 4., verb. Aufl. – Nürnberg: Carl, 1991
Engl. Ausg. u.d.T.: Pfistermeister, Ursula: Nuremberg
ISBN 3-418-00351-6
NE: HST

4., verbesserte Auflage 1991

Sämtliche Abbildungen wurden von der Autorin aufgenommen.
Reproduktion aus dem Generalstadtplan Nürnberg auf den Vorsatzblättern mit freundlicher Genehmigung von Mairs Geographischem Verlag Stuttgart.
Reproduktionen: Repro-Kern, Nürnberg und Reinhardt + Co., Nürnberg
Druck: Bollmann Druck GmbH, Zirndorf
ISBN 3-418-00351-6

Inhalt

Es ist gewiß und ohnzweiffentlich / das die des Heil. R. Reichs freye Stadt Nürnberg / als ein herrlicher Mittel-Punct Teutschlandes / und dann auch des Edlen Hochlöbl. Fränckischen Craises / schöner Aug-Apffel mit allem Recht / billig zu nennen und zu rühmen sey . . . Es ist aber mehr als zu wol bekandt / daß diese herrliche Stadt an dem so genannten Pegnitz-Fluß / auf einem / ob zwar sandigtem / jedoch sonders-verwunderlich-fruchtbaren Boden gelegen. Auch ist selbige auf etlichen Hügeln oder Höhen erbauet zu sehen. Ueberdas / sind auch die Kunst-Wercke ihrer Einwohnere / als sonderlicher Künstlere / bey nahe durch die gantze Welt / und alle König-Reiche / bereits höchst lob-würdig bekannt und ruchtbar worden.

Joh. Alexander Boener, 1702

Nürnberg, lat. Noriberga, eine grosse, reiche und weitberühmte Freye Reichs- und grosse Handels-Stadt, und wird daher das Vaterland der Klugheit und Wohn Haus der Künstler genennet.

Vermehrter Curieuser Antiquarius, 1720

Des Heiligen Römischen Reichs Vestung zu Nürnberg wurde fundiert im Jahre der Welt 3771, im 14. Jahr vor Christi Geburt, am Dienstag, den 9. April, um 8 Uhr vormittags. Die Stadt selbst aber wurde erbaut im 26. Jahr nach Christi Geburt, den 3. April, einem Dienstag, und fundiert um 8 Uhr 57 Minuten vormittags.

Andreas Goldmayr, um 1650

Die Stadt liegt in einer anmuthigen Ebene, auf welcher sich blos nordöstlich einige Hügel erheben. Gegen Mittag, Morgen und Mitternacht wird sie von dem Reichswalde begrenzt, welcher an den mehrsten Punkten nicht viel über 3/4 Stund von der Stadt entfernt beginnt, und woraus sie einen großen Theil ihres Holzbedarfs bezieht. Es war derselbe ehemals eine kaiserliche Domaine und behielt aus jenen Zeiten her, auch als ihn die Stadt käuflich als Eigenthum erworben hatte, noch diesen Namen.

Neues Taschenbuch von Nürnberg, 1829

Ihrer Lage nach, sage ich, erscheint sie nicht nur als die Mitte Deutschlands, sondern auch des ganzen Europa. Sie liegt nämlich gleich weit von der Adria und von der Ostsee, was die Breite Europas ausmacht. Gleich ist auch die Entfernung zum Don und bis Cadiz, mit der man die Länge (Europas) misst. *Johannes Cochlaeus, 1512*

Da nun in dieser Gegend ein Felsen gestanden, habe Tiberius Nero bey seinem Abzuge eine Warte oder Wachthurm auf denselben erbauet, und einen Graben herum geführet. Wie er hierauf mit seiner Armee aus dieser Gegend hinweg gezogen, so hätten sich die Land- und Waldleute, und weiteres Grafen und Edelleute dahin gezogen ... Dieses alles habe sich also 12 Jahr vor Christi Geburt zugetragen. O! da möchte man nun wohl bey dieser Fabelmacherey mit dem Cronpropheten ausrufen und sagen: O! wie habt ihr das Eitele so lieb und die Lügen so gerne, Sela! *Joannis ab Indagine, 1750*

Die Stadt liegt ja auf unfruchtbarem Boden, das Volk kann sich daher nicht lediglich von seinem Ackerland ernähren, das teils mit Wäldern bedeckt, teils mit Kies und unfruchtbarem Sand angefüllt ist; sie verbraucht ja in jeder Woche über 1000 Scheffel Getreide, und 100 fette Rinder ausser dem sonstigen Fleisch von Kleinvieh, Wild und Geflügel genügen nicht ... Sie führen aber zu Haus ein so hervorragendes Regiment, daß sie keiner Stadt in ganz Europa nachsteht. Wenn nun die meisten Städte Griechenlands, Italiens, Spaniens und Frankreichs sie an Reichtum und Fülle der Güter übertreffen, so kann man das dem milden Klima, der vorteilhaften Lage und der fruchtbaren Scholle zuschreiben. Diese Stadt jedoch erfreut sich an nichts dergleichen, sondern allein am Fleiss der Bürger, was man gewiss viel höher zu schätzen hat, als wenn sie durch das Geschenk der Natur so reich und so glänzend dastünde. *Johannes Cochlaeus, 1512*

Im Namen der heiligen und untheilbaren Dreifaltigkeit! Friedrich der Zweite, von Gottes Gnaden, Römischer König, und allezeit Mehrer des Reichs, und König von Sicilien.
Da wir vermöge der Pflichten Unserer Königlichen Hoheit die Rechte aller Getreuen des Reichs mit geneigtem Willen schützen und handhaben sollen

Nürnberg im späten 15. Jh., Stich von J. F. Volckart, 1789, nach der ältesten Ansicht Nürnbergs auf dem Krellschen Altar in St. Lorenz, Germanisches Nationalmuseum

und wollen, so sind wir aus überfließender Unserer Königlichen Milde besonders darauf bedacht, deren Rechte nicht nur zu befestigen, sondern sie auch nach Unserer Königlichen Macht zu mehren, welche durch ihre unausgesetzten treuen Dienste uns nach Würden besonders lieb und angenehm geworden sind. Zum Beweise der besondern Gnade und Gunst, die Wir zu Unserer geliebtesten Stadt Nürnberg tragen, bestätigen Wir also nicht nur die alten Rechte, welche von Unsern in Gott seligen Vorfahren und Vorvätern, den erlauchten Römischen Kaisern und Königen, zu allen Zeiten Mehrern des Reichs, dem gedachten Ort verliehen worden sind, sondern Wir vermehren dieselben auch aus höchster Gnade, wo sich daran ein Mangel erzeigen sollte, da der Ort weder Weinberge, noch Schiffahrt hat, vielmehr auf einem sehr rauhen Boden liegt. Beschließen daher und verordnen auf künftige Zeiten unabänderlich zu halten, daß jeder Bürger dieses Orts keinen andern Schutzherrn haben soll, als Uns und Unsere Nachfolger, die Römischen Könige und Kaiser . . .

Freiheitsbrief Kaiser Friedrich II., 1219

Das älteste Wappen der Stadt Nürnberg waren drey schwarze Wolfsangeln in einem weißen Schilde. Nachher hat sie das noch gewöhnliche

Stadtwappen, den halben schwarzen Adler im gelben Felde, mit drey rothen und drey weißen Balken, und nach der Zerstörung Heinrichs V 1105 den goldenen Adler mit dem gekrönten Jungfraukopfe im blauen Felde geführet.

Christoph Gottlieb von Murr, 1778

Si frâgent mich vil dicke, waz ich habe gesehen / Swenn ich von hove rîte und waz dâ sî geschehen / Ich liuge ungerne und wil der wârheit halber niht verjehen. ze Nüerenberc was guot gerithte / daz sage ich ze maere.

Walther von der Vogelweide, 1224

Herrschen wollte der Senat, aber er herrschte gut, weil sein Interesse unauflöslich an das allgemeine Wohlseyn geknüpft blieb, er als Kaufmann keine der öffentlichen Regsamkeit schädliche Verfügung treffen konnte, ohne sich selbst zu schaden. Allen Vorschriften mußte sich der Senator eben so genau fügen, als der gemeine Mann, und die Strafe bei Fehltritten traf ihn mit gleicher Strenge.

Neues Taschenbuch von Nürnberg, 1822

Rechtswesen

Man schreibet / daß entweder Kayser Friederich der Vierdte / oder Kayser Ferdinand der Erste / oder sie alle beyde / (dann ein Ding wol von mehrern geschehen kan) einen Rathsherrn / und wie gedachter *Dresserus* wil / Herrn *Antonium* Tucher / solle gefragt haben / welcher Gestalt sie eine so grosse Meng Volcks regieren könten? Darauff der Rathsherr geantwortet: Mit guten Worten / und schweren Straffen.

Matthäus Merian, 1641

Maleficanten, welche man öffentlich zu richten Bedenken trug, warf man der eisernen Jungfer in dem Fröschthurme in die Arme, welche sie gegen den Uebelthäter ausbreitete. ›Sobald nämlich, heißt es in einer Chronik, der Scharfrichter den Tritt davon berührt, haut es mit breiten Handsäbeln den Malefikant zu kleinen Stücken, welche sogleich in das unterirdische Wasser hinabfallen.‹ Dieß heißt man, wird hinzugesetzt, die armen Sünder nach Fischen schicken. Die Aufstellung und der Gebrauch der eisernen Jungfer geschah im Jahr 1533.

Johann Ferdinand Roth, 1812

Niemand soll ein Schwert oder spitzig Messer, daß nit stumpf geschlagen ist oder ander verbotene Wehr tragen, ohne der Landrichter, der Landvogt und Schultheiß und ihr Gesind, so ihr Brot ißet, und der Stadtbüttel. Wer es gefährlich oder heimlich trägt auf eines Schaden unter dem Rock oder in den Schuhen, der ist schuldig zwei Pfund. Hat er der Pfennig nit, so schlägt man ihm ab die Hand. Wer ein verbotene Wehr trägt, dem soll niemand kein Feilschaft zu kaufen geben. Wann ein Gast in die Stadt reitet oder gehet, soll der Wirt oder sein Hausfrau ihm sagen, daß er Messer und Schwert hinlege. Wills der Gast nit hinlegen, soll der Wirt weder ihm noch seinem Pferd zu essen noch zu trinken geben. Tut er es nit und trägt der Gast darüber aus der Herberg, so muß der Wirt 60 Pf geben.

Aus einem Satzungsbuch der Stadt Nürnberg, 14. Jh.

Patrizier

Die Patricien-geschlechter daselbst, deren 26. familien sind, aus welchen der Rath genommen wird, haben vor den *Patriciis* anderer Reichsstädte vieles zum voraus. Erstlich haben sie ihre herrschafft und das regiment der stadt behauptet, welches in dem *Interregno* in den meisten Reichsstädten mit den bürgern getheilet werden müssen. Sodann haben sie ihren Adel jedesmal unbefleckt gehalten, dergestalt, daß noch jetzo einer, so in den bürgerlichen stand heurathet, nicht eher als im vierten gliede wieder in den Rath gelangen kan. Dahero sie ihre ahnen in unverfälschter ordnung aufweisen können, und nicht wie in andern Reichs-städten sich mit den bürgerlichen vermischet. Sie sind also von dem andern Adel in nichts unterschieden, als daß sie in der stadt wohnen, und sich verbürgert, welches jedoch in alten zeiten etwas unschädliches und gewöhnliches war.

Historisch und Geographisches Lexicon, Basel 1744

Unbeschreiblich ist weiterhin die Höflichkeit dieser Edelleute, und unübertrefflich ihre Freundlichkeit und Großmut, sie huldigen den Fremden und achten sie sehr hoch.

Galleazzo Gualdo Prioratio, 1668

Frew dich, du keyserliche stat,
Das du sollich regirer hast,
Vnd die dem burger als dem gast,
Reich vnd armen, iung vnd alten,
Geleichen schutz vnd schirm halten.
Darumb so nenn ichs pillich weis,
In allen dingen thond sy vleis,
Das sy vor sorgen werden graw.
Die stat behalten sy in paw,
Maur vnd graben thond sy schmucken,
Sicht man da zwelf schöner prucken,
Aus grundt gebawt von den fal.
O nürmberg du schöner sal!

Kuntz Haß, 1490

... Die Männer vom vordersten oder Patricienstande dürfen Hauben von Sammet mit mardern Ausschlägen, die Frauen und Jungfrauen des alten adelichen Geschlechts, und die im vordersten Stand begriffen sind, sammete jedoch nicht

Nürnbergische Geschlecht- und Kronbraut, 1614
Germanisches Nationalmuseum

allzugroße Hauben, mit Zobel oder Marder gebrämt, welche sie allein an hohen Ehrentagen mit goldenen Rosen oder Buckeln auch etwas von Perlen aber ohne Diamanten zieren konnten, tragen. Ingleichen ganz goldene Haarhauben jedoch ohne Perlen. Und weilen mit den allzulangen Krägen bisher großer Pracht und Uebermäßigkeit gebraucht worden, als werden die Weibspersonen in diesem Stande erinnert und vermahnet, sich führohin dergleichen über machten unförmlichen Länge, so wohl der dicken Krägen, als auch der Umschläge, und sonderlich der kostbaren Spitzen zu enthalten. *aus einer Kleiderordnung des Nürnberger Rats von 1693*

Handwerk und Gewerbe

Nurenberg dise mechtige und reiche statt ligt gatz und gar auff einem ongeschlachten un sarnichte boden / aber hat dester sinreicher werckmeister un kauff heren. Da so sie mit dem ertrich nichts mögen anfahen / schlagen sie jre spitzige vernunfft dester fleissiger auff subteile werck un künsten ... *Sebastian Münster, 1550*

Da sprach ich zu dem persifand:
Sag an! wie ist die stat genandt,
Die unden ligt an disem berg?
Er sprach: Sie heisset Nürnberg.
Ich sprach: Wer wondt in dieser stat,
Die so unzalbar heuser hat?
Er sprach: Inn der stat umb und umb
Des volckes ist on zal und sumb,
Ein embsig volck, reich und sehr mechtig,
Gescheyd, geschicket und fürtrechtig.
Ein grosser thayl treybt kauffmanns-handel.
In alle landt hat es sein wandel
Mit specerey und aller wahr.
Alda ist jarmarckt uber jar
Von aller war, was man begert.
Der maist thail sich mit hand-werck nert,
Allerley handwerck ungenandt,
Was ye erfunden menschen-hand.

Hans Sachs, 1530

Im Jahr 1390 legte der Senator Ulmann Stromer eine ausgezeichnet große Papiermühle mit 18 Stampfen zunächst bei der Stadt an. In Deutschland finden sich schwerlich ältere zuverläßige Angaben von dem Betriebe der Papiermacherei.

Neues Taschenbuch von Nürnberg, 1822

An dem fluß ligen vnzehlich viel Werckstette / Kornmühlen / Papiermühlen / Eysenhämmer / Kupfferhämmer / da werden Degen / Pantzer / Stürmhütte / Messer / Kessel / vnnd allerley Instrumente geschlagen / auch allerley Drath aus den Metallen zugerichtet. *Janssonius, 1658*

Dieses Nürnberg ist eine von den großen und reichen Städten, die es in Deutschland gibt: ist eine sehr alte Stadt, in der Art von Toledo angelegt, ebenso im Tal gelegen und ebenso groß die Stadt; es wohnen in ihr viele Handwerker, besonders für jede Arbeit in Bronze und hier stellt man die Panzerhemden her, die man Nürnbergisch nennt. *Pero Tafur, um 1435*

Albrecht Dürer, Stich von L. Kilian, 1608, nach Dürers Selbstbildnis im Rosenkranzfenster, Stift Strakow, Prag
Germanisches Nationalmuseum

Hans Sachs, Holzschnitt von M. Ostendorfer, 1545
Germanisches Nationalmuseum

Dieses der *Nürnberger*, zu allen Künsten und Wissenschafften fähiges *Ingenium*, hat sie auch bewogen / daß sie in Betrachtung / alles nicht hinterm Ofen zu Hauß zu lernen / sondern die Welt das grosse Buch sey / daß sie keine Gefahr noch Unkosten gescheuet / auch die weit entlegensten Länder zu besuchen / sonderlich haben sie umbs Jahr Christi 1298. den Anfang gemacht in frembde Lande zu handeln / zu dem Endzweck / daß ihre Kinder des Müßiggangs nicht gewohnten / sondern frembde Sprachen erlerneten / und sich in anderer Völcker Sitten schicken lernten. Dis hat auch so viel gefruchtet / daß nunmehro so wohl *Ost-* und *West-Indien*, als fast alle *Europae*ische Länder mit *Nürnberger* Arbeit und Wahren versehen werden / zu dessen Erkentlichkeit / ihr auch die Welt das Ehren Lob beygelegt /
Nürnberger Hand
Geht durch alle Land. *N. H. Gundling, 1707*

Künstler und Gelehrte

... Klima, Kulturfähigkeiten, alles vereinigt sich hier. Deshalb glänzte Nürnberg so schnell auf — deswegen blüht der Handel schon seit dem vierten Jahrhundert — deshalb war Nürnberg der Augapfel der Fürsten und Herren. Doch der Himmel ließ noch besonders einen Stern leuchten über Nürnberg, und es geschah, daß große Männer geboren wurden, die den Glanz und Ruhm der Stadt bis in die entferntesten Gegenden verbreiteten. *E. T. A. Hoffmann, um 1820*

Unter den alten Bürgern dieser berühmten Stadt haben sich viele Genies, Künstler und Gelehrte, A. Dürer, Hans Sachs, Behaim etc. ausgezeichnet. Keine einzige deutsche Stadt hat so früh sich einen Namen der feinen Bildung erworben als

Willibald Pirkheimer, Stich v. Albrecht Dürer, 1524
Germanisches Nationalmuseum

Nürnb. In keiner treten so viele schöngeistige Männer und Künstler glänzend hervor. Wo hätten wohl solche berühmte Gelehrte, Dichter, Maler, Bildhauer, Kupferstecher, Glasmaler und Steinschneider, von 300 Jahren zusammen.

W. L. Müller, 1821

. . . vnd hat ein man gros lieb vnd gunst
zu hübscher maisterlicher kunst
vnd hat nach allen künsten sein frag
sucht er im peheimer land zu Prag
vnd auch in österreich zu win
sucht er nach dem zierckel vnd noch lien
vnd sucht in polaw und in preussen
vnd in grossen nogarten vnd hochen reussen
vnd zu kanstantinopel in krichen
Noch fint er nicht wahrhafftiglichen
daz er mit suchen hab ein feir
Sucht er in egipten zu alkeir
vnd auch in hohen Indian
vnd an dem hoffe brister Johan
noch ist sein suchen nich gebis
Such er in franckreich zu pariss
vnd in der höchsten schul athenis
vnd sucht phisica Orienis
vnd sucht gramaticam priscians
vnd sucht die weisheit solomonis
vnd sucht dy loycam aristotilis
vnd sucht geometriam euclidis
vnd sucht rhetoricam thulij
vnd prakticam Pitagori
vnd sucht boety musicam
vnd ptholomeus astronomyam
die kunst find er in Nürnberg all . . .

Hans Rosenplüt, 1447

Nürnberg leuchtet in ganz Deutschland wie eine Sonne unter Mond und Sternen.

Martin Luther

Welch ein Lichtpunkt war Nürnberg! Diese einzige Stadt hat mehr für Erfindung, Kunst und Wissenschaft gethan, wie ganze Länder.

Friedrich Campe, 1828

Handel

Der Reichtum der Nürnberger ist nicht nur den Deutschen, sondern auch den am entferntesten wohnenden Spaniern in Lissabon wie den fernsten Skythen am Don, den Polen, Ungarn und ganz Europa wohlbekannt. Wo gibt es denn einen Winkel, in den sie nicht Geld und Ware gebracht hätten? Sie wohnen in Lissabon, Lyon, Venedig, Budapest, Krakau, Wien, Köln, Antwerpen und in den übrigen Handelsplätzen Europas, wo sie die Bevölkerung durch gegenseitigen Warenaustausch reich machen und ihre Leute vor dem Mangel bewahren. *Johannes Cochlaeus, 1512*

Die Stadt, deren Straßen mit schweren, starken Ketten abgesperrt werden können, wimmelt von Kaufleuten aller Nationen; es sind höfliche Menschen . . . Die Bürger treiben einen großen Handel mit Pelzen, Weißfuchs- und Luchsfelle, Hermelin und Zobel aus Moskau und dem Nordmeer strömen hier zusammen.

Antonio de Beatis, 1517

Post fährt von hier nach allen Teilen Europas, und nach jedem Ort kann man mit Pferden, Wagen, Kaleschen und Sänften reisen . . .

Conte Galleazzo Gualdo Priorato, 1668

. . . der sogenannte Herrenmarkt, der seinen Namen von den Kaufleuten führt, welche daselbst eine Börse im Jahr 1622. errichtet haben, und einige Tage in der Woche in einem Gewölb alda zusammen kommen.

Christian Gottlieb Müller, 1793

Nürnberger Bank um 1800, Germanisches Nationalmuseum

Nurmberg ist in gantzem teutschen land und auch bey eußern völckern ein fast namhaftige und weyt besuchte stat. Ein berümbts gewerbhaws teutscher land. und mit schönen gemaynen und sundern gepewen gezieret . . .

Hartmann Schedel, 1493

Stadtbild

Nurnberg ist unter allen Städten / die ich jemals in Teutschland gesehen habe / die allerschönste; die meisten Häuser alldar sind von harten Steinen oder Quater-Stücken / und sehr hoch gebauet / auch sind unterschiedliche derselben / von aussen her / schön bemahlet / und oben auf mit verguldeten Kugeln oder Knöpffen gezieret.

Edward Brown, 1686

Die Stadt Nürnberg ist zweifellos eine der herrlichsten und vornehmsten Städte Deutschlands, sowohl an Gebäuden, die alle fast wie große Paläste sind und sich aneinanderreihen, als auch hinsichtlich der Straßen und der Größe des Umfangs. Sie ist in der ganzen Welt bekannt wegen des bedeutenden Handels, der hier getrieben wird, und wegen der feinen Arbeiten, die hier in den verschiedensten mechanischen Handwerken angefertigt werden. Die Häuser der Stadt sind fast alle außen bemalt, über ihre Pracht ist nichts zu sagen, nur daß sie ganz mit Ziegeln bedeckt sind und nicht mit Schiefer, womit in ganz Deutschland nur die Häuser in Köln bedeckt sind.

Jacque Esprinchard, 1597

Die Reinlichkeit in den Wohnungen und auf den Strassen Nürnbergs war von jeher ein Gegenstand des Lobs ... Die Nürnbergerinnen nehmen in jedem Frühjahre und in jedem Herbste eine Haupt-Reinigung des ganzen Hauses vor, welches hier das Stiebern (Stöbern) oder Säubern genannt zu werden pflegt. Ueberdieß wird in jeder Woche einmal, auch wohl öfter, ein sorgfältige Reinigung des Hauses vorgenommen. In vielen Häusern hat man ein sogenanntes Prangzimmer, auf dessen Reinlichkeit und Schönheit besonders Bedacht genommen wird. Nur bey sehr feyerlichen Gelegenheiten macht man von dem Prangzimmer Gebrauch, um es möglichst zu schonen.

Johann Ferdinand Roth, 1813

Die Häuser sind groß und weitläufig; weite Hausfluren, Gallerien, welche das Vorderhaus mit dem Hinterhause verbinden; Erker und Auslichten, sind wesentliche Bestandtheile eines jeden nicht neu gebauten Hauses. Die mehrsten Gebäude sind mit gemahlten Menschen-Figuren geziert, gewöhnlich Heilige, von denen mancher noch in diesem Jahrhundert von den evangelischen Hausherren aufgefrischt ist. Viele Häuser haben einen Ochsen oder Schwein über der Thür gemahlt; ein Zeichen des Rechts, jede Woche einmal schlachten zu dürfen.

Jonas Ludw. von Hess, 1798

Die Straßen sind schön und breit und nicht nur immer sauber wegen des sandigen Bodens, sondern sie werden auch sauber gehalten. Nirgends sieht man Misthaufen in den Straßen, höchstens in einigen abseits gelegenen Ecken. Es ist auch nicht üblich, auf der Straße zu urinieren oder vor 10 Uhr abends Urin oder anderer Abfall herauszuwerfen. Wer es trotzdem tut, kann mit 20 Talern Geldstrafe und Gefängnis bestraft werden. Sie sind so genau mit der Sauberhaltung ihrer Stadt, daß sie ihren Bürgern, auch wenn jemand einen Hof oder ein Rückgebäude hat, wie es meistens der Fall ist, nicht gestatten, ein Schwein zu halten, sondern nur ein Ferkel, und das nicht länger als bis es 1/2 Jahr alt ist. Aber sie haben dafür außerhalb der Stadt Ställe.

William Smith, 1594

In der Stadt Nürnberg selbst zählen etliche hundert und acht und zwanzig Hauptstraßen und vier hundert kleine, zwölf große und hundert und drey und dreyßig kleinere Springbrunnen, hundert und siebenzehn Schöpfbrunnen, sechszehn Kirchen, vier und vierzig geistliche Gebäude, zwölf Brücken, zehn Märkte, drey hundert und fünf und sechzig Thürme an den Stadtmauern, ein und zwanzig tausend Häuser, fünf und siebenzig tausend Haushaltungen, und brauchet man drey Stunden sie nebst den Vorstädten zu umgehen. Jedoch lasse ich diese Rechnung, was sonderlich die Anzahl der Dörfer, Häuser und Einwohner anlanget, dahin gestellet seyn.

Joh. Georg Keyßler, 1751

Rat

Die Regierung dieser Reichsstadt ... ist aristokratisch. Neunzehn theils rathsfähige, theils nur gerichtsfähige Geschlechter können in der That Nürnberg als ihr Eigenthum betrachten; sie regieren unumschränkt. Nur aus diesen Geschlechtern werden 34 adeliche Rathsherren erwählet; diese

Fleischbrücke und Herrenmarkt, 1670, Germanisches Nationalmuseum

haben bey gewissen Gelegenheiten acht Handwerksleute zu Beysitzern, aber kein anderer Bürger hat jemals Hofnung, in den Rath zu kommen. Da der Rath fast ganz eigenmächtig ist, indem er, vermöge eines Privilegium Kaisers Friedrich III. von 1476, niemand als dem Kaiser in Person Rechenschaft ablegen darf; so ist leicht zu erachten, daß es ein großer Vorzug ist, aus einem der Geschlechter gebohren zu seyn, die das Recht haben zu Rathe gewählet zu werden, und daß der nicht so ganz Unrecht gehabt haben mag, welcher sagte, ein Patricius in Nürnberg gebohren zu seyn, sey so gut, als ein Kapital von 100,000 Fl. zu besitzen. *Friedrich Nicolai, 1783*

Da entschloßen sich einzelne hervorragende Männer, dann immer mehrere, und endlich alle, dem bürgerlichen Gewerbe zu entsagen, und sich einzig auf ihre obrigkeitlichen Ämter zu beschränken; das Andenken suchten sie zu vernichten, daß ihre Vorfahren einst Kaufleute gewesen waren, ein Zeugniß vom Kaiser wußten sie zu erwerben, daß kein Senator Handel treibe, sondern seinem Adelstande gemäß lebe. Die Blödsinnigen! Ihr Stolz berechnete nicht, daß der Handel die Ursache der hohen Blüthe geworden war, wie bei den ausgezeichneten Familien Italiens, wie noch jetzt in England; daß die Entsagung alle Nerven zur fernern Erhebung rein abschnitte, daß ihre späten Nachkömmlinge büßen würden für den Mißgriff der Voreltern, daß ihr Sinken und zugleich das Sinken der ganzen Stadt, die unausbleibliche Folge des gefaßten Entschlusses werden müßte.

Neues Taschenbuch von Nürnberg, 1822

Es ist ein niederschlagender Gedanke, daß so viele tausend gutartige, moralische Menschen von ein paar Dutzend ihrer gewissenlosen Mitbürger despotisirt, beraubt und elend gemacht werden. Wer sich einen deutlichen Begriff von bürgerlicher Aristokratie, von städtischer Unterdrückung, Vorzugssucht und Eigengewalt machen will, der gehe nach Nürnberg, wo vier und dreißig Patricier-Familien 32000 Menschen wie Leibeigene und Fröhner ihrer Habsucht, ihres Wohllebens und ihres dummen Stolzes behandeln.

Jonas Ludw. von Hess, 1798

Nun noch zum Schluß ein paar Worte von der armen guten Reichsstadt *Nürnberg,* die jedem, der daran noch zweifeln sollte, den augenscheinlichsten Beweis abgeben kann, wie sehr das Wohl jedes einzelnen immer unter der fehlerhaften Verfassung einer bürgerlichen Gesellschaft leide. Diese traurige Wahrheit predigt hier die öde Stille in den finstern, engen Straßen, die Leere der Häuser mit verschlossenen Fensterladen und den Charakter der verzweifelten Sklaverei und Armut auf den Gesichtern der harmvollen Einwohner . . .

Am sichtlichsten ist diese politische Auszehrung in *Nürnberg,* seitdem die fleißigen, arbeitsamen Nürnberger schuldig seien, zwei Drittel ihrer jährlichen Einkünfte zum Mästen einiger faulenzenden Familien herzugeben, die in den Zeiten der finstersten Barbarei sich dieses Rechts angemaßt haben; daß diese Blutegel nach eigenem Gefallen die Summe des jährlichen verfassungsmäßigen Raubs, den sie beziehen, zu erhöhen berechtigt seien, ohne den Grund dieser Erhöhung oder die Verwendung desselben irgend jemand berechnen oder die Bürger um ihre Einwilligung fragen zu müssen. Wenn noch jemand in dem Wahn steht, der gemeine Mann sei zum Murren, zur Empörung, zur Unruhe geneigt, der komme nach Nürnberg, sehe und schweige.

Georg Friedrich Rebmann, 1793

Niedergang
Nürnberg ist eine traurige Stadt, die immer mehr zerfällt. Einige hundert Häuser stehen ganz leer, und die übrigen sind fast durchaus nur von einzelnen Familien bewohnt. Die Einwohner sind noch ein sehr fleißiges Volk, und es ist ein sehr angenehmes Schauspiel, wenn man in den Werkstätten die kleinsten Kinder mit den verschiedenen Quincaillerieartikeln beschäftigt sieht, wodurch sich diese Stadt durch ganz Europa bekannt gemacht hat. *Johann Kaspar Riesbeck, 1783*

Vanished is the ancient splendour,
and before my dreamy eye
Wave these mingling shapes and figures,
like a faded tapestry.

Henry W. Longfellow, 1888

Still, öde und menschenleer stehen die langen, mit Gras und Moos überwachsenen Gassen. In den hohen, raumvollen Gebäuden, regt sich nichts. Die Fensterladen verriegelt, die Hausthüren verschlossen, gleicht das Ganze einem weitläuftigen Kerker, in welchen die Gefangenen aus Furcht vor Züchtigung nicht ans Fenster treten dürfen. Es war Vormittag; schon hatte ich einige Gassen durchwandert, ohne auf eine männliche Gestalt zu stoßen. Ein paar zum Markte trippelnde Mädchen waren die einzigsten Menschenwesen, welche ich antraf. *Jonas Ludw. von Hess, 1798*

Ein Spaziergang durch die Stadt ist mit körperlicher und geistiger Beschwerde verbunden, denn man hat unaufhörlich den Anblick der abscheulichsten Häuser, mit vierfachen Gallerien, mit großen Figuren in Erz und Stein geschmückt, mit den abscheulichsten Mahlereien geziert, und mit Erkern versehen, an denen das Schnitzwerk bis zur Ueppigkeit angebracht ist . . . Doch nicht bloß Geistes- sondern auch Leibesstrapaze ist es, in den Straßen Nürnberg's umher zu wandeln, denn nicht selten muß man ganz artige Anhöhen erklettern, oder hinabsteigen.

F. Ph. Wilmsen, 1796

Nürnberg hab ich diesmal infaustis omnibus gesehen und der böse Eindruck hat mich weg gejagt. *Joh. Wolfgang v. Goethe, 1790*

So oft ich noch diese Reichsstadt betrat; so oft war mirs, als ob ich weinen müßte. Die ganze Bürgerschaft kommt mir vor, wie eine Pflanzschule von Seidenwürmern, die man blos aufzieht, um ihnen, wenn sie reif sind, die Haut abzuziehen. Nichts Großes, nichts Erhabenes, nichts Emporstrebendes ist hier zu finden. Alles ist beengt, kleinlich, niedergedrückt, alles ein Bild der Leerheit und des Sinkens.

Anselmus Rabiosus, 1796

Handel und Wandel im 18. und 19. Jahrhundert
Es fehlt Nürnberg an Menschen; nicht an Industrie oder Absatz. Dieser Menschen-Mangel kommt von den ungeheuern Lasten her, welche der Bürger dieser Stadt zu tragen hat. Diese haben eine Menge fleißiger Familien, ihre Vaterstadt zu meiden gezwungen; die sich in Fürth, Schwabach und den umliegenden Dörfern ansiedelten, wo sie im Verhältniß der Nürnberger Abgaben fast nichts entrichten.
Man kann uneingeschränkt behaupten, daß kein Mensch in Europa so viel von dem Seinigen dem Staat zahlt, als der Bewohner Nürnbergs. Jeder Bürger bringt jährlich fünf Sechstheile von seinen Einkünften der Stadt-Kasse zu, oder bestimmter, wer 4166 Gulden im Jahre einnimmt, trägt davon 3446 Gulden dem Staate ab. . . Trotz diesen unerhörten Abgaben hat die Stadt dennoch fünfzig

Millionen Gulden Schulden ... Unbegreiflich ist es, wie einige zwanzig Patricier-Familien so vieles haben durchbringen können, da die Stadt ohne die grossen Abgaben der Bürger ein schönes Land-Gebiet hat, das wenigstens 8000 Bauernhöfe enthält... *Jonas Ludw. von Hess, 1798*

Die Künstler und Handwerker sind hier sehr fleißige Leute. Sie arbeiten von frühe Morgens bis in den spätesten Abend, und machen gerade das Gegentheil von den Augspurgern, die schon um 3 und 4 Uhr aufhören, und zu Biere gehn. Ihre Industrie geht über alles, und ihre Arbeiten in Stahl, Eisen und Messing sind die besten in ganz Deutschland.

Philipp Wilhelm Gercken, 1784

Die Industrie der Nürnberger ist seit dem vierzehenden Jahrhunderte und vielleicht noch früher sehr ausnehmend gewesen. Sie besteht besonders in Metallarbeiten aller Arten, hauptsächlich in Verfertigung vieles gemeinen Hausgeräthes aus Metallen, einer Menge kleiner künstlicher Arbeiten, und verschiedenes Puppenwerks und Spielzeuges für Kinder ...

Wenn man die Sache ein wenig genauer überlegt, so wird man finden, daß die Nürnbergischen kurzen Waaren Dinge von dem ersten Bedürfnisse sind. Wer seine Industrie hierauf gründet, wird den sichersten Fortgang haben...

Dazu kommt, daß unter den Nürnbergischen Waaren sehr viel nützliche und sinnreiche Erfindungen sind, die man jetzt nur deswegen nicht mehr für etwas besonders hält, weil sie so gemein geworden sind...

Die Sorgfalt und Genauigkeit, mit der die Nürnberger diejenigen ihrer Waaren, die es nöthig haben, ausarbeiten, hat auch sehr viel beygetragen, sie allenthalben beliebt zu machen...

Dazu hat auch die unglaubliche Wohlfeilheit der Nürnbergischen Waaren nicht wenig beygetragen, ihren Debit auch in sehr fernen Landen zu befördern. Das Volk ist daselbst von je her arbeitsam und mäßig, folglich der Arbeitslohn wohlfeiler gewesen ... Dazu hat man in Nürnberg viel eher als irgendwo künstliche mechanische Vorrichtungen gehabt, welche Zeit und Arbeitslohn ersparen. Dahin gehören besonders die verschiedenen Arten von Mühlen auf der Pegnitz, wo zum Schleifen, Poliren, Zerschneiden, Drechseln, gar trefliche Erfindungen sind.

Friedrich Nicolai, 1783

Ein Haupt-Artikel der Nürnberger Fabrikationen ist das Klöppeln vieler Gold- und Silber-Spitzen. Hievon ernähren sich in der Stadt allein über 3000 Menschen. Auch werden von den hiesigen Zirkel-Schmieden sehr viele Wagschaalen, Goldwagen, Rahm-Stecknadeln, mathematische Bestecke u. d. g. m. gemacht. Eine große Menge hier geschlagenen Goldes geht nach England, wovon die Bestellungen oft so stark sind, daß sie nicht alle angenommen werden können. Brillen, Dosen, Knöpfe, Spiegel, Bleystifte u. d. g. werden in den Häusern der Bürger in Menge verfertigt, woran alles, Weiber und Kinder, mit arbeitet. Man verkauft Dosen, das Dutzend zu zwölf Kreutzer; Bleystifte, vier und zwanzig Dutzend für einen Gulden. Der Grund, weshalb hier so wohlfeil gearbeitet werden kann, liegt vorzüglich in der Genügsamkeit der Menschen.

Jonas Ludw. von Hess, 1798

Es ist fast kein Kind in der kultivierten Welt, das nicht mit einem Nürnberger Spielwerk tändelte und sich darüber freute; wieviel fehlt einer Stadt, worin kein Nürnberger Laden ist!

Heinrich Wilh. Tischbein

Gänsemännchenbrunnen, Stich v. F. Geißler nach J. Falkner, 1. Hälfte 19. Jh., Stadtbibliothek

Es ist ein unterhaltendes Schauspiel, selbst die kleinsten Kinder in den Quincaillerie-Werkstätten arbeiten zu sehen, und Farben, Puppen, Brummeisen, Caffeemühlen, bleierne Soldaten etc. sind keine unbedeutenden Artikel. Unbegreiflich ist die Wohlfeilheit des Nürnberger Tandes aus erster Hand, und unsere Landkrämer müssen mehr als jüdischen Profit daran haben.

Karl Julius Weber, 1826

Nürnberg hatte in vorigen Zeiten einen großen Speditions-Handel. Man rechnete, daß damals wenigstens 40,000 Centner durch die Stadt giengen, jetzt beträgt die Durchfuhr bey weitem nicht die Hälfte. Die Fuhrleute fahren directe von Augsburg nach Leipzig, und lassen Nürnberg unberührt liegen. Auch haben die Verbothe so mancher, in Nürnberg verfertigten, Waaren, in den kaiserlichen und preußischen Staaten, den Handel der Stadt sehr geschmälert; dagegen hat der Absatz nach Rußland seit einigen Jahren stark zugenommen. *Jonas Ludw. von Hess, 1798*

Aus einer Blattfolge über den Nürnberger Kindleinsmarkt, 1805, Stadtbibliothek Nürnberg

Wir hielten an einem Sonnabend unsern Einzug in Nürnberg durch das sogenannte neue Thor. Das Gewühl von Menschen, das sich in den Straßen auf und ab trieb, die Menge Frachtwagen, die ab- und zufuhren, oder vor den Gasthöfen hielten, die vor den Häusern aufgestellten Tonnen, Kisten, Ballen: Alles verkündete, daß wir uns in einer großen Handelsstadt befanden. Nürnberg ist zwar nicht mehr, was es im Mittelalter war; noch immer ist es aber doch von dem alten Handlungsgeiste belebt. Fast jedes Haus in den gangbarsten Straßen enthält einen Laden, oder ein Gewölbe, selbst auf den Steinen vor den Häusern sind Waaren ausgestellt; wer nicht viel zu verkaufen hat, der verkauft wenig. Die Lehrlinge der Kaufleute und ihre Ausläufer rennen hin und her, die Einen mit Paketen unter dem Arm, die Andern mit Briefen in der Hand. Noch Andere lassen Waaren auf- oder abladen: Alles scheint mit nichts als Handlungsangelegenheiten beschäftigt. *Joh. Heinrich Meynier, 1823*

Stadtbild im 18. und 19. Jahrhundert

Noch sind vorhanden die meisten alten, ohne Ausnahme aus massivem Steine aufgeführten, Häuser der Patrizier Familien und der übrigen Kaufleute. Bei weitem der größere Theil zeigt eine Höhe von drei bis fünf Stockwerk, und eine beschränkte Breite gegen die Straße; aber tief reichen sie in das Innere, nach dem Hofraume folgt ein zweites Gebäude, dann ein zweiter Hof und noch ein Gebäude, hinausreichend in eine andere Straße. Diese ganze Vereinigung bildet Ein Haus und bedeckt einen bedeutenden Raum. In diesen Häusern ist das Erdgeschoß einzig bestimmt zu Kaufmannsgewölben und Magazinen. In den höheren Stockwerken begegnet man geräumigen Sälen, gepflastert auf italienische Weise; dann Treppchen auf und Treppchen nie-

Burg von NO, Stich von J. Poppel nach J. A. Klein, 1. Hälfte 19. Jh., Germanisches Nationalmuseum

der erreicht man einige Zimmer, aber immer die unheizbaren Kammern in größerer Zahl. Keine Abtheilungen sind gemacht für mehrere Haushaltungen. Der Anblick zeigt deutlich, nur für Eine Familie mit ihren vielen Hausgenossen war der große Raum zur Wohnung bestimmt; der Kaufmann gestattete keiner zweiten ihm fremden den Zugang und Durchgang zu seinen Magazinen.

Neues Taschenbuch von Nürnberg, 1822

Es wird dem Fremden ganz mittelalterlich zu Muthe, wenn er in ein solches altes Haus tritt. Mühsam drückt er das schwere Thor auf und kommt in einen dunklen, großen Raum. Die ausgeschnitzte breite Treppe führt zu einem Söller hinauf, die den ersten, wie eine zweite Gallerie über jenen den zweiten Stock, von innen einfaßt. Das steinerne Geländer ist, wie bei den Söllern vor den Rittersälen alter Burgen, von gothischer

Arbeit; zierlich geschnitzte Säulen tragen die Decken. Gartenkübel mit Feigenbäumchen und Lorbeersträuchen stehen auf der Ballustrade, und umher liegendes Spielzeug verräth, daß hier die Kinder des Hauses einen privilegirten Tummelplatz haben. Aus der Mitte der Gallerie tritt auch wohl ein Erker weit hinaus und ein Tisch in demselben, überdeckt mit häuslicher Arbeit, zeigt an, daß hier die Hausfrau waltet, die Spiele der Kleinen zu zügeln. Da wird auch wohl gespeist von der Familie an heitern Mittagen und Abenden. — Im Hofe plätschert in zierlicher Einfassung ein Springbrunnen, Arbeitsgeräthe hängt an den Wänden umher, mitunter eine alte verrostete Waffe. Die Zimmer, hoch und geräumig, sind alterthümlich ausgetäfelt und noch häufig mit kunstreich gewirkten Tapeten behangen. Glasschränke stehen an den Wänden und in ihnen kostbare Gefäße aus der guten altfränkischen Zeit: — buntes Porzellan, venetianische, feine Deckelgläser, Humpen und Becher mit Sinnsprüchen und Familienwappen. Große, glänzend gebohnte Schränke und zierlich ausgelegte Kommoden, hohes nußbraunes Getäfel, bunte, mosaikartig ausgeplattete Hausehren, geräumige, von spiegelblank geputztem Kupfer- und Messinggeschirr funkelnde Küche, kunstreich geschnitzte Tische und Stühle weisen, mit dem Aeußern des Hauses im Einklang, auf frühere Zeiten zurück, wo hier ein reicher Kaufherr, oder ein hochgebietender in einträglichen Aemtern stehender Patrizier, Haus und Hof hielt.

Meyer's Universum, 1837

Die Stadt selbst ist nach alter Art krumm und schief gebaut, und meistens mit engen Gassen. Alle Häuser, auch die neuen, haben etwas Schwerfälliges und beleidigen durch die Erker und vielen Schnörkel das Auge ... Daß ehedem viel Mahlerey und Geschmack an heiligen und bunten Geschichten in Nürnberg gewesen ist, das beweisen die Vorderseiten mancher Häuser, wo aus der Legende ganze Geschichten, seltener aus der profanen Mythologie, zum besten gegeben sind, mit gar zierlichen Inschriften.

Ernst Moritz Arndt, 1801

Ich habe schon längst in Willens gehabt, eine sehr alberne Gewohnheit in Nürnberg, welche mich je länger je mehr verdriesset, zu erzählen.

Treppenhaus im Kutscherhof, 2. Hälfte 19. Jh.
Germanisches Nationalmuseum

Platz bei St. Jakob, Stich von Joh. Adam Delsenbach, 1. Hälfte 18. Jh., Stadtbibliothek Nürnberg

Sie ist so lächerlich, daß man sie schwerlich in einem gesitteten Lande suchen sollte ... Wenn wir durch die Strassen hier zu Fuße giengen, wie es offt geschah, so gafften uns Weiber und Mädgen, die in den Kramläden sassen, wenn wir vorbey kamen, starr an, und lachten uns aus vollem Halse gerade ins Gesichte, und diejenigen, welchen wir auf den Gassen begegneten, verfuhren auf eben die unverschämte Weise. Man könnte dieses zwar dem allerniedrigsten Pöbel vergeben, der überall gegen Fremde sehr grob ist: aber was hier wirklich erstaunlich ist, ist dieses, wenn wir vor einem Patrizien Hause vorbey giengen, so lief die Frau Rathsherrin, ihre Fräulein Töchter und alle Mägde zu, uns durch kleine Vergitterungen, die sie Chörlein nennen, in der Mitte ihrer Fenster zu begucken, zogen aber, wenn wir sie wieder ansahen, eiligst die Köpffe zurück, und machten die Gitter zu.

Blainville, 1765

Ich bestieg einen Thurm, er war sehr hoch, und mir angenehm, von demselben die ganze Stadt übersehen zu können: sie sieht viel schöner als Basel, oder Straßburg, ist regelmäsiger, die Gassen mehr gerad und weit von einander, alles ist neuer und schöner.

Christoph Friedr. Rinck, 1783

Königstraße, Stich nach Joh. Andreas Graff, 1680, Germanisches Nationalmuseum

Nürnberg! du vormals weltberühmte Stadt! Wie gerne durchwanderte ich deine krummen Gassen; mit welcher kindlichen Liebe betrachtete ich deine altväterischen Häuser und Kirchen, denen die feste Spur von unsrer alten vaterländischen Kunst eingedrückt ist! Wie innig lieb' ich die Bildungen jener Zeit, die eine so derbe, kräftige und wahre Sprache führen! Wie ziehen sie mich zurück in jenes graue Jahrhundert, da du, Nürnberg, die lebendigwimmelnde Schule der vaterländischen Kunst warst, und ein recht fruchtbarer, überfließender Kunstgeist in deinen Mauern lebte und webte: – da Meister Hans Sachs und Adam Kraft, der Bildhauer, und vor allen, Albrecht Dürer mit seinem Freunde, Wilibaldus Pirkheimer, und so viel andre hochgelobte Ehrenmänner noch lebten! Wie oft hab' ich mich in jene Zeit zurückgewünscht! Wie oft ist sie in meinen Gedanken wieder von neuem vor mir hervorgegangen, wenn ich in deinen ehrwürdigen Büchersälen, Nürnberg, in einem engen Winkel, beym Dämmerlicht der kleinen, rundscheibigen Fenster saß, und über den Folianten des wackern Hans Sachs, oder über anderem alten, gelben, wurmgefressenen Papier brütete; — oder wenn ich unter den kühnen Gewölben deiner düstern Kirchen wandelte, wo der Tag durch buntbemahlte Fenster all das Bildwerk und die Mahlereyen der alten Zeit wunderbar beleuchtet! — —

Wilh. Heinr. Wackenroder, 1797

Wer noch keine alte Stadt gesehen hat und in die Straßen von Nürnberg tritt, dem breitet sich eine ganz neue wunderliche Welt aus. Wie in einem Guckkasten die bunten Bilderbögen, drehen sich lebhafte Farben, roth, grün, blau, in wunderlichem Gemisch durch einander. Nichts Einerlei, keine Spur von Beschränkung und Vorschrift. Der Fremde sieht Patrizierpalläste neben des Handwerkers kleiner Wohnung und schmale, alte Häuserchen mit vorspringenden Giebeln und Erkern stehen nachbarlich vertraut neben dem Prachtgebäude des reichen Kaufmanns oder Fabrikherrn. Selbst das Unregelmäßige, Winkliche der Gassen fällt nicht unangenehm auf: denn es erhöht das Malerische derselben, und das Gepräge der Freiheit tragend, hat's auch geistig eine anziehende Seite.
... Solche Mannigfaltigkeit schützt den Reisenden vor der Langeweile, die ihn so oft anwandelt, wenn er nach der Schnur gebaute Städte unserer Zeit zu beschauen geht, in denen ein Haus und ein Platz dem andern ähnlich sieht, wie ein Soldatenrock dem andern. *Meyer's Universum, 1837*

... Die ganze alte Stadt mit ihren ehrwürdigen Kirchen, ihrem großartig stattlichen Rathhause, ihren prachtvollen Brunnen und anderen zur öffentlichen Schau stehenden Kunstwerken, ja selbst mit ihren einzelnen Häusern, die ohne Unterschied der Größe und Ansehnlichkeit ihres Ranges wie schlichte Bürgersleute neben dem Herrn von hohem Adel in den winklich sich durchlaufenden Straßen nebeneinander stehen, erscheinen in ihrer Gesammtheit als das Werk eines und desselben Baumeisters.

G. H. von Schubert, 1854

Um 10 Uhr Abends in *Nürnberg*, wo wir im goldnen Reichsadler einkehrten.
(Am) 15. wurde ich aus einem schönen Traum ... früh zeitig angenehm gewekt durch Nachtigallen u. schön überrascht beym ersten Blik durchs Fenster von der Schönheit *Nürnbergs*.

Triton-Brunnen, Kupferstich um 1850
Germanisches Nationalmuseum

Häuser im alten Geschmak (Thürmchen u. Vorcastelle) aber hoch u. schön u. meist farbig. Die Straßen sehr breit und reinlich. Ueberall eine eigne Heiterkeit. *Josef von Eichendorff, 1807*

Die ganze Stadt kommt mir so alterthümlich wie ein Gedicht aus des Knaben Wunderhorn vor.
Am hellen Tage fuhr ich durch das hochbethürmte Stadtthor, und in den Straßen herrschte schon Dämmerung. In diesen Häusern, die mir ihre zackigen Giebel zuwenden, muß auch noch deutsche Treue und Würde walten... Still verfolgte ich die Krümmungen der Straßen mit einem selig-philanthropisch-schwermüthigen Gefühl; aber alle Bewohner Nürnbergs, die mir begegneten, sahen so neumodisch aus, daß sie mit ihren Wohnungen einen gar wunderlichen Kontrast machten, ungefähr so wie Schauspieler, die in

Albrecht-Dürer-Platz, Stich von Georg Chrisstian Wilder, 1848, Stadtbibliothek Nürnberg

Egidienplatz, Stich nach Joh. Andreas Graff, 1682, Germanisches Nationalmuseum

neumodischen Kleidern ein modernes Stück auf der Bühne bey Gothischen Decorationen probiren, welche aus dem Ritterstücke des vergangenen Abends noch stehen geblieben sind.

J. G. von Quandt, 1819

In Nürnberg fand ich eine sehr musikalische Stadt – Kirchen, Häuser, Gottesäcker, Gassen und Straßen tönten vierstimmige Moteten, Arien, Fugen und Choräle wieder.

C. F. D. Schubart, 1839

In Nürnberg stieß ich auf ein Cappadoum, Herzgäßlein, Katzenberglein, Hundsgäßlein und Kehrum (eine nicht üble Benennung für Cul de Sac –) ich stieß auf eine Mausefalle, Sausakhof, Wespennest und Kindlasfresser – es waren hier Ungeheuer angemalt, die Kinder aus der Tasche fraßen, als wären es Lebkuchen. Einige Wein- und Bierschenken heißen zum Löchlein, gläserner Himmel, nackenden Bauch, goldenen Laus, Ofenloch, Himmelsleiter, Mondschein, zur Gerechtigkeit etc. dafür gibt es aber auch jezt eine Tucher-,

Dürer-, Hans-Sachs- und Grübelsgasse, so gut als zu Paris einen Quai Voltaire, und Straßen Rousseau, Moliere, Corneille, Racine, Bouffon etc. Auf dem Saumärkt (Trödelmarkt) kann man auch Gemälde, Kupferstiche und alte Bücher kaufen, und hier ist auch eine kleine Wirtschaft zum Schiffchen, vom Volk genannt zur H . . . . f . . . !

Karl Julius Weber, 1826

Nürnberg hat auf mich einen ungeheueren Eindruck gemacht; ich ging nach meiner Ankunft in der Stadt herum, bis es finster wurde und kam völlig berauscht nach Hause. Das ganze Ding war mir wie feenhaft; ich war eine Gestalt auf einem Albrecht Dürerschen Bilde. Nürnberg ist die schönste Stadt, die ich je gehen habe, sie ist in

Hinter der Stadtmauer, Stich von L. Ritter
Germanisches Nationalmuseum

ihrer Ganzheit ein wahrhaftiges Kunstwerk. Die Zierlichkeit, Heiterkeit und Reinheit dieser mannigfaltigsten Schönheitslinien füllte mich mit den wohltuendsten Empfindungen.

Adalbert Stifter, 1865

Nürnberg bleibt eins der merkwürdigsten Monumente, die es gibt, denn selten tritt aus der Vergangenheit ein Bild von dieser Ausdehnung, dieser Vollkommenheit und dieser Schönheit der fühlenden Seele entgegen. Ich für meinen Teil kenne nächst Nürnberg nur zwei ähnliche Beispiele: Siena im Toskanischen und Pompeji. Dieses Bild durchgeführt zu sehen bis in die geringsten Einzelheiten, bis an die Ziegel auf dem Dach, bis auf den Griff an der Tür, ist ein Genuß sonderbarer und seltener Art.

Carl Alexander,
Großherzog v. Sachsen-Weimar-Eisenach, 1858

Mais Nuremberg est une ville unique en Allemagne; c'est un Herculaneum conservé sous la lave du temps, l'Herculaneum du moyen âge.

M. Xavier Marmier, 1860

Die alten Häuser haben die violettrote und nachgedunkelte Farbe des Weins. Manchmal sind sie auch rosa, manchmal auch grau — hellgrau oder dunkelgrau. Am nachhaltigsten bleibt der Eindruck von der Rotweinfarbe, die dem alten roten Sandstein gehört. Am weinigen Steinrot sitzen, warmbraun mit Oelfarbe bemalt, die hölzernen Erker; oft sind sie im Geschmack des Barocks oder des Rokokos nachher an rote Steinhäuser von weit zurückreichendem, mittelalterlichem Alter angehängt, da hangen sie nun mit der Intimität eines Mobiliars, das sozusagen nach außen gekehrt wäre; die Erker, die bürgerlichen ›Chörlein‹ sind wie Kommoden, die man in die

Insel Schütt, Stich von Alex Marx, 19. Jh., Stadtbibliothek Nürnberg

Luft der Straße herausgeschoben hätte. Dies ist Nürnberg. Dies — zusammen mit den kappenartigen Speichergehäusen, die droben an den Dächern herausgebaut sind und mit ihren Mützenschildern in die Straßen vorragen.

Wilhelm Hausenstein, 1935

Zu den Gewohnheiten, welche bloß beybehalten werden, weil sie alt sind, gehört auch die sogenannte große Uhr. Man nennt nämlich in Nürnberg die sonst gewöhnliche Art von 1 bis 12 zu schlagen die kleine Uhr, welche auch von verschiedenen Thürmen in der Stadt schlägt. Hingegen von dem Sebald- Lorenz- Weißen- und innern-Laufer-Thurme schlägt die große Uhr ... Sie ist bloß den Reichsstädten, Nürnberg, Windsheim, und Rothenburg an der Tauber eigen. Die Tagesstunden werden ungefähr vom Aufgange der Sonne bis zum Untergange erzählt, und die Nachtstunden vom Untergang der Sonne bis zum Aufgang. So hat nach der großen Uhr in Nürnberg den 24ten May der Tag 16 Stunden und die Nacht 8 Stunden, und den 25ten Nov. ist es umgekehrt. Dieses beständige Ab- und Zunehmen der Uhr, woraus derselben Ab- und Zuschlagen entstehet, ist etwas höchst unbequemes; ... Gleichwohl werden alle öffentlichen Geschäfte nach der großen Uhr verrichtet. *F. Nicolai, 1783*

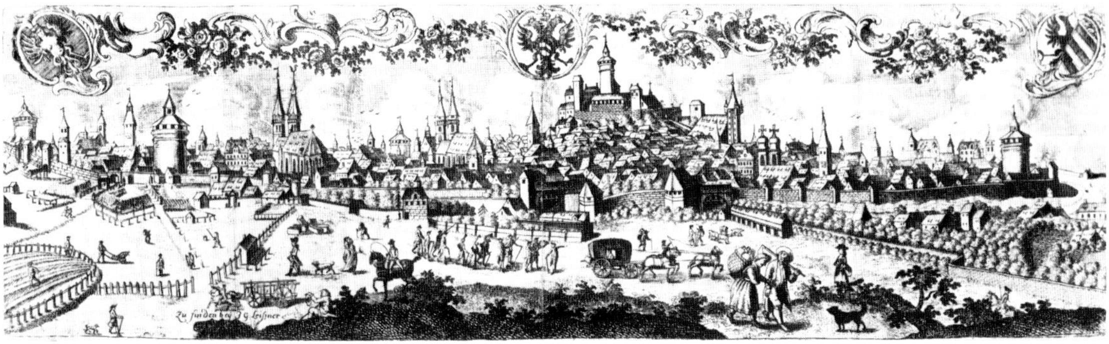

Nürnberg von SO, Ende 18. Jh., Germanisches Nationalmuseum

Eine seltsame Gewohnheit ist hier, daß auf jedem Thore der Stadt ein Mann dazu bestellet ist, der des Abends auf einen hohen Thurm steiget, und ein fürchterlichs Horn, gleich dem eines Schweinhirten, womit dieser seine Heerde zusammen ruffet, gräßlich erschallen lässet. Diese angenehme Musik nennen sie hier den Garaus. Ich wollte sie lieber den Freudendieb nennen, denn sobald sie zum zweytenmal erschallet, so muß jedermann in das Thor zu kommen, so sehr er kan, eilen, oder ohne Barmherzigkeit die ganze Nacht aus der Stadt bleiben, welches wir mehrmals bey unsern Lustfahrten hätten erfahren können, die wir gerne noch einige Stunden lang fortgesezet hätten. Nur die edlen Patrizien allein werden von diesem Gebläse niemals beunruhiget: denn wenn sie sich über die bestimmte Zeit noch lustig machen wollen, so müssen diese Hörner so lange warten und stille seyn, als es ihren Herrlichkeiten beliebet. *Blainville, 1765*

... ich vergas und überhörte den Garaus – dan die blasenden Hörner auf den Thoren, welche die Sperre verkündigten – und mit Mühe vernahm ich die Feierglokke um neun Uhr.
Unter dem Läuten kroch ich zum Hallerthürlein in die Stadt gegen drei Kreuzer Einlas- oder Inseratgebühren. Aber welche Höllenfahrt nach dieser Himmelfahrt! Ich wuste nicht, wo die Mausfalle war. Ich hatte zwar das Seutter'sche Sbozzo und Katastrum von der Stadt bei mir, aber ich konte nichts darauf sehen. Es waren keine Laternen angezündet, erstlich weil man den Frühling – zweitens das erste Viertel hatte – drittens weil auch im Winter und Neumond keine angezündet werden, ausgenommen in den wenigen Gassen, worüber einige hängen – und viertens weil es nicht nöthig ist, sondern überflüssig. Denn die eigentliche Strassenbeleuchtung geschieht von innen aus den Häusern heraus; die Gassen sind enge gebauet, und noch dazu ist an jedes Haus aussen ein Reverberier-Spiegel befestigt und in jedes innen ein Talglicht, so daß alle Strassen, zumal enge und dunkle, durch die Lichter entgegenstehender Häuser (wenn die Fensterladen offen sind) nicht nur eine ganz gute Beleuchtung erhalten, sondern eine wohlfeile dazu, da die Einwohner noch nebenbei damit ihre Stuben erhellen und die Zimmerbeleuchtung ersparen, wie in manchen welschen Städten die brennenden Kerzen auf Altären zugleich stat der Laternen und den Heiligen dienen. *Jean Paul, 1798*

Stadtmauer

Ein Gegenstand anderer Art, welcher Nürnberg auszeichnet, ist ihre ritterhafte, mit höchst alterthümlichen Thürmen geharnischte Stadtmauer. Nichts ist eigenthümlicher als der Anblick einiger ihrer Parthieen, wenn man sie, um die Stadt herumgehend, in schiefer Perspektive auffaßt, wo sich dann die etwas vortretenden Thürme, durch die Ferne niedriger und niedriger abgestuft, scheinbar aneinander reihen und gleichsam eine Front bilden. Dort eine Folge ziegelrother, mit hohen mützenförmigen Hohlkehlendächern, an deren Saume noch Eckthürmchen käfigartig hervorwachsen, dort eine Reihe kurzer, viereckiger, quadergrauer, zwischen ihnen von Zeit zu Zeit einer jener runden schwarzen mit flachem Schirm gedeckten Kolossen, welche, nach den vier Weltgegenden gestellt, die vier Hauptthore der Stadt, das neue Thor, das Spittelthor, das Frauenthor und das Lauferthor, bezeichnen, und durch ihr doppeltes mit Erde ausgeschüttetes Gemäuer eine ungewöhnliche Dicke haben und vor der Mauer . . . ringsherum der tiefe, in üppige Gemüse-, Blumen-, Baum- und Spalier-Gärten verwandelte Graben, an welchem man hingeht.

Otto Friedr. Wehrhan, 1840

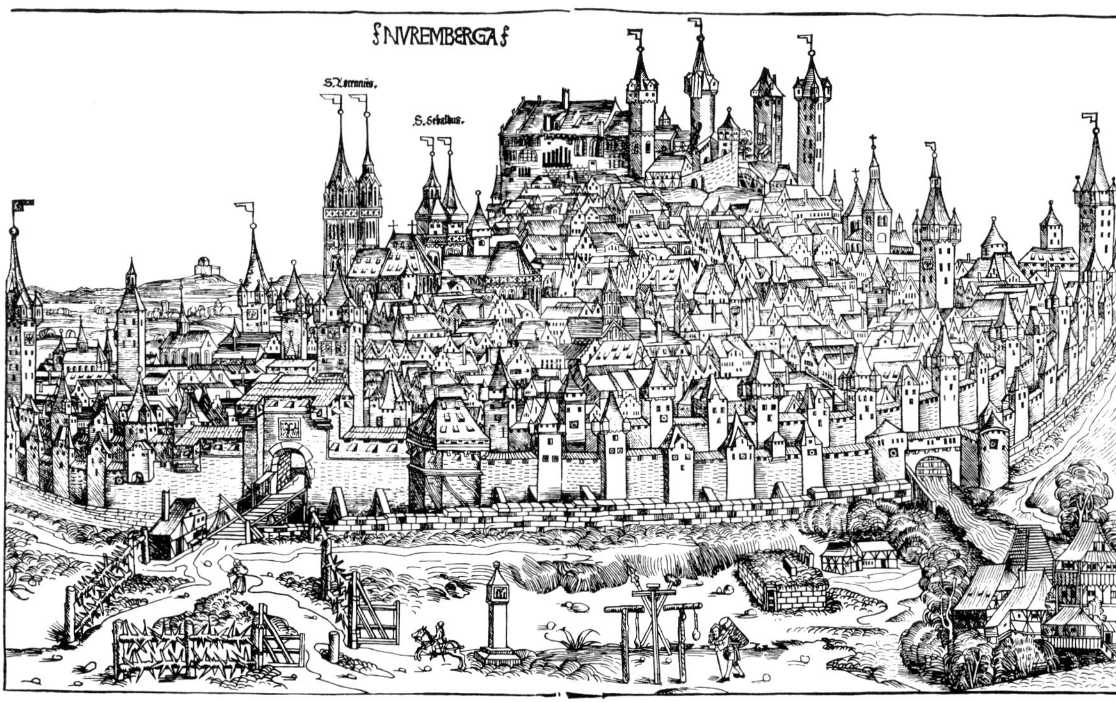

Gesamtansicht aus der Weltchronik des Hartmann Schedel, verlegt bei Koberger, Nürnberg 1493
Germanisches Nationalmuseum

Zu den Zeiten Kayser Carol deß Vierdten / umb das Jahr Christi 1350. ist Nürnberg gewaltig erweitert / mit neuen Mauren umbgeben / und folgends / wie jetzt zu sehen / mit doppelten starkken Mauren / weiten und tieffen Gräben / mächtigen Thürnen / stattlichen Brustwehren / Pasteyen und dergleichen bevestiget worden. Dero Thürnen sollen groß und klein 365. und zwar 183. grosse von Quatersteinen seyn / und stehen auff solchen grossen runden und starcken Thürnen die Stück zur Sicherheit. Sie hat 6. grosse starcke und wolverwahrte Thor / als das Laufferthor / Thiergartnerthor / Neuethor / Schloßthor / Frauenthor / Spitlerthor / und zwo Pforten / als das Hallerthürlein und Wörtherthürlein. *Matthäus Merian, 1641*

... und es kostet alweg ein Quaderstein an die Mauer: zu brechen, Fuhr und zu hauen sieben Pfennig‹ *Endres Tucher, 1452*

Sie ist mit einer doppelten Mauer / und an solcher mit hundert drey und achtzig Thüren / darunter bey denen vier Haupt Thoren vier gewaltige runde Thürne / in der Höhe hundert / im *Diametro* aber sechzig Schuhe / gleichsam als *Cavallieri* sich befinden / neben etlichen Basteyen und Rondelen / alles von gehauenen Quater-Stücken / zusamt einem tieffen gefütterten / doch truckenen Graben beschlossen *J. H. Seyfried, 1702*

... Die Stadtmauern sind hie und da mit elenden Hütten beklebt; der Graben gewährt noch den erfreulichsten Anblick, denn er stellt jetzt eine lange Reihe von Kohlgärten dar, und ist wahrscheinlich zur Zeit segensreicher für die Nürnberger, als da er noch zur Vertheidigung der Stadt diente, besonders da die Einwohner Nürnberg's so gern für die Befriedigung des Magens sorgen.
F. Ph. Wilmsen, 1796

Pegnitz

Sie besitzen überdies einen Fluss, den Pegnesus, oder wie ihn Sylvius nennt, die Pegnitz, der mitten durch die Stadt fliesst; er hat zwölf Brücken, sechs aus Steinen und sechs aus Pfählen, mit denen die Stadtteile verbunden werden, und lässt zwei Inseln in der Stadt entstehen, ausserhalb und innerhalb der Mauern mit sehr vielen Mühlrädern versehen. Er hat nämlich Mühlen, um Getreide zu mahlen, solche mit Maschinen, um Erz zuzubereiten, und auch für Papier, ferner kreischende Räder der Säge, mit der die hohen Baumstämme in Bretter zerschnitten werden, und Mühlen, um Messer zu schleifen, und Werkstätten für Metall. Der kleine Fluss ist nicht schiffbar ausser für Fischer, aber für die Stadt so vorteilhaft, daß es sich kaum sagen lässt. *Joh. Cochlaeus, 1512*

Man findet in diesem Fluß, wie es die Fischer angemerckt haben, verschiedentliche Gattung Fische, als Foren, Esch, Hecht, Karpffen, Barben, Brexen, Orfen, Alten, Aal, Cölle, Schleihen, Norfling, Haseln, Häselein, Pürsing, Ruppen, Kolfen, Grundeln, Erlitzen, Neunaugen, Weiß- oder Schneider-Fisch, Rothaugen, Bauren-Karpffen, Kugelhaupten, Blinden, Brillen, Sängerlein, Lauen, oder Langeln, Stiegeln, oder Stichling, Steinbeisser, Schrezen, Krebsen u. a. m.
Joh. Heinrich v. Falckenstein, 1733

Da die Pegnitz gegen Orient vnter grossen gewelbten Brücken in die statt fleust / machet sie zwo Inseln / die eine ist eng / die ander ist sehr bequem zum waschen / vnnd das Leinwath an die Sonne zu legen: darbey die warmen Bäder sind. Nach dem der fluß vnter zwölff Brücken durch die statt sich hinauß begiebet / befeuchtigt er den gemeinen Platz / auff welchen die Nürnbergische jugend / gleich wie die *Spartaner* an dem fluß

Blick zur Fleischbrücke, Stich nach Joh. Andreas Graff, 2. Hälfte 17. Jh., Germanisches Nationalmuseum

Eurota, alle feyertage mit allerley ehrlichen vbungen / als schiessen / werffen / ringen / springen / etc. sich belustiget. *Janssonius, 1658*

In der Rückkehr nach unserm Wirthshause giengen wir über eine steinerne Brücke, die man hier für ein Wunderwerk hält. Sie hat nur einen einigen Bogen, wie die Brücke Rialto zu Venedig, ist aber weder so hoch noch so lang, sondern ungefehr funfzig Schritte ist ihre grösseste Weite, über den schmalen Fluß Pegniz. An ihrem einen Ende ist die Fleischbank, über deren Eingang die Mezger eine lächerliche Auszierung gesezet haben. Es ist ein liegender ungeheurer Ochs, mit vergüldeten Hörnern und Klauen ... worunter diese Doppelverse in güldenen Buchstaben stehen:
Omnia habent ortus, suaque incrementa; sed ecce / Quem cernis, nunquam Bos fuit hiv vitulus. MDCXCV.
Das ist: Jedes Ding hat seinen Ursprung und Herkommen; aber der Ochse, den du hier siehest, ist niemals ein Kalb gewesen. *Blainville, 1765*

Brunnen

Nicht leicht wird in Deutschland eine Stadt seyn, welche mit Wasserleitungen, Röhren- und Brunnenwerken so reichlich versehen ist, als Nünberg. Und wenn ihr auch hierinnen Augsburg an die Seite gesetzt werden kan: so sind doch die Nürnbergischen künstlichen Wasserleitungen älter.

Zu einigen der Spring- und Röhrenbrunnen wird das Wasser weit her unter der Erde geleitet, wie z. B. zu dem schönen Brunnen am Markt, zu dem sogenannten Hainzenbrunnen im Spital, und zu dem Röhrbrunnen auf der Schütt. In andere fällt das Quellwasser von einer Höhe herab, wohin es mittelst der, durch Wasserräder, welche die Pegnitz oder der Fischbach treibt, in Bewegung gesetzte künstliche Maschinen hervorgebracht wird; wie z. B. in den Springgbrunnen in dem Rathhaus, auf dem neuen Bau, und bey St. Lorenz. Zu dem letztern kommt es von einem etlich und 60. Schuhe hohen Thurm, der unweit des Frauenthors an der Stadtmauer über dem Einfluß des Fischbachs stehet, und schon im Jahr 1483. mit dieser künstlichen Wassermaschine erbauet worden ist, die vor andern gesehen zu werden verdient. Alle Stunden werden wenigstens 100. Eymer Wasser über vier Stockwerke hoch in zwey grose Becken aus mehrern in der Tiefe des Stadtgrabens gelegenen ausgemauerten Brunnen, welche unter sich Communikation haben, hinauf getrieben, und dies geschiehet durch sechs Stiefel, welche vermittelst dreyer Waagbalken und einer dreyfachen metallenen Kurbel, von einem Wasserrad, das der Fischbach treibt, in Bewegung gesetzt werden. *Christian Gottlieb Müller, 1793*

Röhrenbrunnen bei St. Lorenz, Stich von 1702
Germanisches Nationalmuseum

Everywhere I see around me
rise the wondrous world of Art:
Fountains wrought with richest sculpture
standing in the common mart;

And above cathedral doorways
saints and bishops carved in stone,
By a former age commissioned
as apostles to our own.

Henry W. Longfellow, 1888

Mit Recht heißt der eine nur der schöne Brunnen, denn er steigt in alterthümlicher Bauart als Pyramide höher als 60 Fuß empor, alles von Stein, Stockwerk auf Stockwerk sich verjüngend, und leicht und frei, so zierlich durchbrochen und mit so vielen Gestalten von Kurfürsten, Königen, Helden aus der jüdischen, römischen und deutschen Geschichte belebt, daß selbst Moses und die Propheten nicht fehlen, bis endlich oben Alles in zwei phantastischen Blumen sich endigt und eine Wetterfahne als letzte Spitze dient.

Gottfried Wilhelm Becker, 1836

Das Gitter ist sehr künstlich / hat 5. Ecke / wigt 102. Centner / und 47. Pfund: hat 2 schöne Thüren. Ein Ring daran lässet sich gantz herum

Hauptmarkt, Stich von Carl Rauch nach Ludwig Lange, 1. Hälfte 19. Jh., Germanisches Nationalmuseum

drehen / welcher zum Wahrzeichen gezeiget wird. Zu den vergulden sind kommen 1205. Buch feines Golds / das Buch 5. Pfund macht 861. fl. / 3. Pfund / 18. Pfen.

Joh. Christoph Wagenseil, 1697

In ganz Franken, ebenso wie in andern Provinzen Deutschlands gibt es öffentliche Bäder, wohin ein jeder geht, um ein Schwitzbad zu nehmen und sich zu waschen, wann er will, wobei man jedesmal etwa $7^1/_2$ Schilling bezahlt. Die angesehenen Personen der Stadt besuchen diese öffentlichen Bäder kaum, sondern haben eigene in ihren Häusern, wo sie sich abreiben und auf köstliche Weise behandelt lassen. Angehörige aller Stände und beiderlei Geschlechts besuchen diese Orte ein- oder zweimal im Monat; das macht sie so frisch und verleiht ihnen das Wohlbefinden, dessen sie sich erfreuen.

Jacque Esprinchard, 1597

... so hat diese Stadt auch einen grossen Überfluß an frischem Qvell- und Brunnen-Wasser ... ferner 13. öffentliche Bäder oder Badstuben / darunter ein Gesundbad ist / ...

›Der getreue Reiß-Gefert‹, 1686

Kirchen und Kunstschätze

Die Kirchen sind große, schwarze Massen, voller Bildwerk und gotischer Zieraten, durchbrochenen Türmchen, großen Toren mit Figuren, usw. Es sind ihrer eine große Menge. Ehemals waren viele Klöster hier, (aus deren Bibliotheken auch die literarischen Schätze mehrenteils herrühren, die Nürnberg besitzt.) *W. H. Wackenroder, 1793*

Die Sebaldus- oder Dohmkirche ist unstreitig eines der schönsten altgothischen Gebäude. Man wird von einer tiefen Ehrfurcht und einem heiligen Schauder durchdrungen, wenn man in das tönende Dunkel eintritt, und die hohen und schlanken

St. Sebald, Stich aus A. Würfel ‚Diptycha ecclesiorum . . .', 1756, Germanisches Nationalmuseum

Säulen hinaufschaut, bis an die schwindelnde Decke. So steht man in einem Walde heiliger Tannen, durch deren erhabene Kronen ein mattes Licht des leuchtenden Himmels bricht. Alles hat hier den Anstrich des Alterthums und des Heiligen. Macht der kühne Aufflug der Säulen schwindeln, so versetzt die bunte Fenstermahlerey mit den blendendsten und lebendigsten Farben plötzlich tief in eine alte Welt, deren Sitten und Weise hier in den Personen und Dingen so lebendig dargestellt sind. Dies ist wirklich in seiner Art was Prächtiges und Seltenes, das man an keinem Orte in der Verschwendung und Pracht wiedersieht. Auch an dem hellsten Tag giebt es der Kirche, trotz der Menge ihrer Fenster, ein dämmerndes Licht . . .

Auch der Stifter der Kirche, der fromme Graf Sebaldus, liegt in dieser Kirche mit seinen Gebeinen in einem silbernen Särglein in verschiedenen Einschachtelungen verwahrt, die drüber und umher sehr künstliche Verzierungen haben.

Ernst Moritz Arndt, 1801

Schauerlich dunkel ist es in der Kirche, Alles mysteriös verhüllend . . . *J. G. von Quandt, 1819*

S. Sebald . . . hat eine zierliche Gothische Bauart, ist aber inwendig, wegen des niedrigen Gewölbs, und der nahe zusammen stehenden vielen Pfeiler, zu dunkel. . . *Phil. Wilh. Gercken, 1784*

Ich gieng drauff mit unsere Wirthe in die Hauptkirche, welche wohl gehalten wird, und nach der Lutheraner Art voller Stühle ist. . . Da steht ein schön Grabmal von Metall, welches wie ich glaube, besagter Albrecht Dürer, der von Nürnberg bürtig gewesen, also angegeben hat; es liegt darunter der H. Sebaldus, eines Königs aus Dennemarck Sohn begraben, und hat mir dessen *Disposition* über allermassen wohl gefallen. Es

St. Sebald mit Sebaldusgrab, Stich 1. Hälfte des 19. Jh., Germanisches Nationalmuseum

war sehr delicat und sauber gemacht, mit vielen Bildern, Festonen und dünnen Säulen, und in der Mitten lag das mit einer höltzernen Einfassung bedeckte Monument ... und kan ich versichern, daß die Arbeit an den Statuen der daselbst auffgesetzten Aposteln denen alten Römischen nichts nachgeben. *Balthasar de Monconys, 1663*

Zuletzt hat Peter Vischer auch sein Porträt hingestellt, tief unten am Postament, ganz nach der Natur, wie er in seiner Werkstatt mit dem Schurzfell arbeitete. Die Naivetät, die sich in diesen Werken ausdrückt, hat etwas sehr bewegliches ...
Caroline von Humboldt, 1828

Nachdem auch in Gebrauch gewest, S. Sebaldts Heiltumb oder Gebein bisweiln zu eröffnen und zu besichtigen, als ist solches Anno 1503, den 22. Tag Julii, auch geschehen. Solcher Eröffnung haben beigewohnt die Herren Ältern des Rats, der Baumeister, der Propst und Kirchenpfleger Sebaldi, die zween Losungschreiber, haben dabei auf den Knieen liegen und jeder ein brennend Wachskerzen halten müssen. Die Kirchen ist unterdessen, weil man den Sarg geöffnet, versperret gehalten und außen mit einer Wach belegt worden. Es ist auch der Kirchenmeister inmittels innen, und die Kirchenknecht außer der Kirchen herumbgangen, ob sich etwa ein Unruhe erregen und sich jemand unterstehen wollte, dem ohnmächtigen Heiligen Gewalt anzulegen. So große Sorg hat man für S. Sebaldts tote Gebein getragen, daß ihnen nichts Widerwärtiges widerfuhre, zudem man doch damals die Zuversicht gehabt, daß er jedermann helfen könnte. Im Sarg sein zwo hülzene Laden gestanden und in jeder zwen Bündel in roten Zentel eingewickelt gelegen, die man heraus auf eine darzu bereitete Tafel gehebt. In deren einer sein 18 Stück großer, in der andern 91 Stück mittelmäßiger und kleiner Gebein, das Haupt aber in einem sonderbaren silbern Kästlein, in der Gestalt eins Brustbilds versperret gewest, welches man zu hohen Festtagen hat pflegen auf den Altar zu setzen. Wiegt am Silber über 35 Mark. Ist gemacht worden Anno 1415.
Johannes Müllner, 1623

Die ersten Nachmittagsstunden ... benutzte ich zu Spaziergängen in der Stadt. Ich ging zuerst in die Sebalduskirche, wo eben eine Taufe war, die mir den Eintritt offen hielt, wo ich aber weniger gern verweile, da mich das dortige geschätzte Kunstwerk, das Grab des heiligen Sebaldus, ziemlich kalt läßt. Von da aber ging ich in die Lorenzkirche, wo ich mich von ganzer Seele an diesen hohen herrlichen Hallen, an diesen gigantischen Säulenbündeln, an dieser edlen Form der Bogen, an diesem heiligen Halbdunkel und den Glasmalereien erfreute. Wie fällt doch bei dem Anblick einer solchen Kirche jeder Gedanke an gotische Schnörkel und so weiter weg!
August von Platen, 1821

Die Heiligen Sebald und Laurentius waren, und sind die Schutzpatronen Nürnbergs. Sebald soll als Bekehrer der hiesigen Heiden mit Bonifacius nach Deutschland gekommen und Bruder Ewald geheißen haben; nach andern aber war er ein deutscher Einsiedler, Säwald, und ein Nürnberger Knoblochsbauer. Nach der Sage machte er einem Bauern, der seine verirrten Ochsen in der Nacht nicht finden konnte, und ihn anrief, die 10 Finger leuchten, wie 10 Laternen, und da man ihm kein Feuer anmachen wollte, holte er sich vom Dache – Schindeln? – nein! die ersten besten Eiszapfen, und machte damit das schönste Feuer – folglich war er ein Heiliger comme il faut!
Karl Julius Weber, 1826

Lorenzkirche nach Westen, Stahlstich von Friedrich Geißler, 1837, Germanisches Nationalmuseum

Wir warteten des Gottesdienstes in der St. Laurenzen Kirche ab, welche die grösseste in der Stadt ist. Sie ist auch ein gothisches Gemächte, an welchem sonst nichts merkwürdiges ist, als daß es acht Thüren hat. *Blainville, 1765*

Vor uns erhebt sich die Fassade von St. Lorenz. Zwischen dem strengen Rahmen der kompakten Türme steht das reichgeschmückte Portal, darüber, zwischen zierlicher Maßwerkgalerie und durchbrochenen, luftigem Giebel, kreist die herrliche große Fensterrose.
Ist das Äußere schon prächtig, so überrascht uns der dämmerige Innenraum, denn wir treten in eine versunkene Welt. Hier ist das alte Nürnberg vollkommen gegenwärtig in seiner Kraft und Frömmigkeit. Eine bürgerliche Kirche ist es, maßvoll im Aufbau des Langhauses, das sich überraschend in die überwältigende Weiträumigkeit des wundervollen Hallenchors mit seinem reichen Sterngewölbe öffnet. Steinern, farbig, goldschimmernd entfaltet sich vor uns Wunder auf Wunder.
Franz zu Sayn-Wittgenstein, 1965

Die schönen gemalten Glasfenster in allen diesen Kirchen sind von wunderbarer Magie und verbreiten eine warme heilige Dämmerung. Die Farbenpracht, wenn die Sonne hindurch scheint, ist unbeschreiblich: die ganze heilige Geschichte scheint sich zu beleben und zu bewegen . . . Vielleicht hat Nürnberg die vollkommensten Werke dieser Kunst aufzuweisen, und unter diesen ist ohne Zweifel das Volkamerische Fenster in St. Lorenz das höchste. . . Hier ist bei der trefflichsten Zeichnung eine Glut, Verschmelzung, Abstufung und Einklang der Farben, daß das Ganze, aus so vielen Stücken zusammengesetzt, in Einen Kristall zerflossen oder daraus hervorgeschliffen scheint.
Friedr. H. von der Hagen, 1818

Sankt Lorenz ist keine Kathedrale. Sankt Lorenz ist eine bürgerliche Kirche, begrenzt in Maß und Ausdruck. Gleichwohl: diese Lichtheit, diese innere Weite des Chores – diese köstliche Durchsichten, die dem Bewußtsein höherer Freiheit Spielraum lassen, während sie das Gemüt einfassen und versichern . . . und da bleibt als das Schönste der Zauber der Töne: das aschgrau gewordene Rot des Steins in der Kirche drinnen, berührt vom anemonenfarbenen Frühlingslicht, das durch die weißen, ein wenig milchigen und leise opalisierenden Scheiben mit den bleiernen Rändern hereingesiebt wird.
Wilhelm Hausenstein, 1935

Seitdem Andreas Osiander (protestant. Prediger) dawider geprediget, weil es ihm auf der Kanzel, wann die Sonne darauf schien, blendete, und Marien die goldene Grasmagd genannt hat, ist dieses Kunststück mit einem grünen Sack bekleidet worden. *Christoph Gottlieb von Murr, 1778*

Man hatte mir viel Herrliches von dem englischen Gruß in dieser Kirche vorgeschwatzt, so daß ich äußerst neugierig war, ihn zu sehen. Siehe, da ich nun eintrete, sehe ich diesen Gruß hoch über dem Altar, so hoch, daß ihn kein Mensch dort sehen konnte. Aber damit er durch das viele Anglotzen und Ankutzen (wie man fränkisch spricht)nicht zu viel verlieren möchte, hat man zur Vorsicht einen großen Sack darum geworfen; so muß der Teufel selbst ihn wohl ungesehen lassen. *Ernst Moritz Arndt, 1801*

Das schöne Sakramenthäuslein in der Lorenz-Kirche, das Adam Kraft 1500 zu Stande gebracht hat, ist wegen der zierlichen Form und künstlichen mühsamen Ausarbeitung, da alle Bogen und Zierathen leicht und durchbrochen gearbeitet sind, in der That sehenswürdig... Dieß Sakramenthäuslein wird von den steinernen Figuren Adam Krafts und seiner zwey Gehülfen getragen. Ich habe das Gesicht dieses Meisters mit großer Aufmerksamkeit und Vergnügen betrachtet. Es ist ganz Natur und Ausdruck. *Friedr. Nicolai, 1783*

Doch weil nun zu reden das Wort dem Glauben ein Anlaß
Nirgends mir ist, vielmehr besingen allein die berühmten
Werke ich will, die meist bekannt in unserer Stadt sind,
Doch gefeiert zu wenig, so schien auch würdig des Liedes
Dies des Häuschens Werk, vielleicht als keines geringer.
Gleich den Werken von der Art ruht es auf schneeigem Marmor
Mit gewaltigem Fuß, den unten tragen Atlanten,
Drei, als wolle der Bau zum Sturze sich neigen, wenn sie nicht
Hielten; bald steigt von dem untersten Fuße der hohen
Pyramide er thurmgestaltig hinan in die Höhe;
Wenn auch schlanker, und ganz vergleichbar länglichem Stämmchen,
Er die äußerste Höhe berührt des runden Gewölbes, . . .
Als ob gebrochen es würde von widerstrebender Wölbung.
Und wenn werth man hält der Bewunderung Alles aus Erze,
Das man gießen kann und formen und biegen und beugen:
Warum sollte bewundern man mehr nicht, also zu formen
Harte Steine, daß sie biegsam mit den Händen erscheinen? *Helius Eobanus Hessus, 1532*

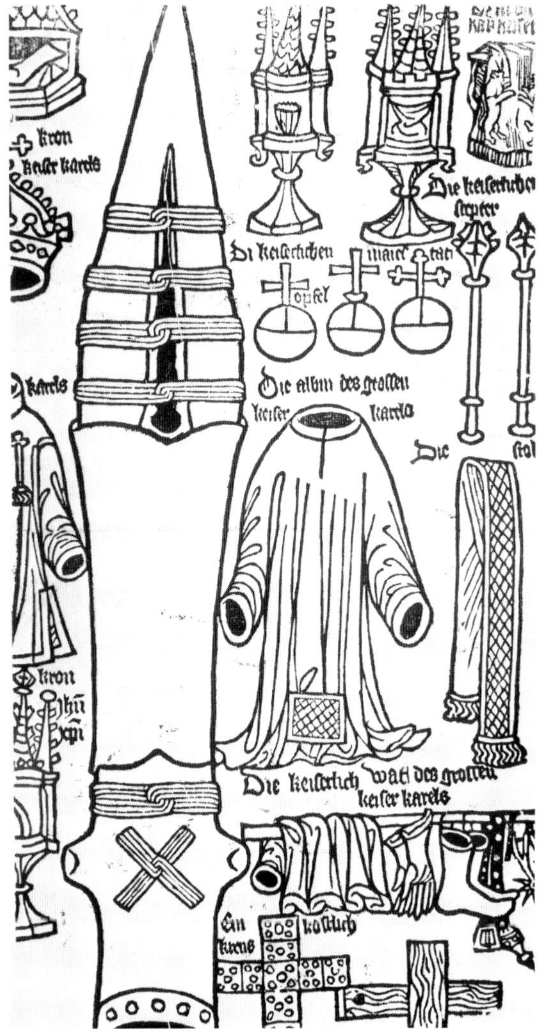

Teil der Reichskleinodien mit dazugehörigen Reliquien, Druck des 16. Jh. nach einem Holzschnitt um 1440, Germanisches Nationalmuseum

Hier befindet sich eine Kirche, in der Kaiser Karl der Große die Reliquien niederlegte, welche er von Übersee mitgebracht hatte, als er Jerusalem eroberte; ich ging hin zusammen mit den Kardinälen, um mir diese Reliquien anzusehen, u. man zeigte uns viele, unter anderem zeigte man uns eine Lanze mit einem Eisen so lang wie eine Elle, u. man sagte, es sei die, welche unserem Heiland in die Seite gestoßen worden sei; ich sagte, daß ich sie in Konstantinopel gesehen hatte, u. ich glaube, wenn die großen Herren nicht dagewesen wären, wäre ich bei den Deutschen in Gefahr geraten, weil ich so etwas gesagt hatte.

Pero Tafur, um 1435

Diese statt ... frewet sich auch der keyserlichen zaichen. als des mantels. schwerter. scepters. der opffel und kron des großen keyser Karls die die zu Nuemberg bey ine haben. und die in der krönung eins roemischen konigs von der heiligkeit unnd alters wegen einen glawben geben... und andern in der gantzen werlt zewirdigen heilthumen, die ierlich zu österlicher zeit offentlich daselbst mit großer solennitet un zierlichkeit gezaigt werden. *Hartmann Schedel, 1493*

Ich kann sagen, daß ich in dieser Gesellschaft zum erstenmal das wunderbare Nürnberg mit seinen Kunstschätzen und Brücken und Gärten und Lindenalleen und schönen Brunnen wahrhaft genossen habe... Nürnbergs Reichtum an Kunstschätzen ist noch überaus groß. Man hat angefangen, die alten Gemälde und Bauwerke im Geiste ihrer Zeit wiederherzustellen. *August von Platen, 1821*

Wie eine iewede Stadt in gewissen Curiositaeten besonders excelliret: Also muß man der gegenwärtigen den Ruhm lassen, daß sie in ihren Mauern vortreffliche Künstler in allerley Sachen schon von geraumer Zeit her beschlossen. Man hält diese Stadt für das Centrum von Teutschland und Europa. *C. F. Neickelio, 1727*

Kunstsammlungen in Nürnberg
Diese übertreffen vielleicht alle Sammlungen anderer Städte. Es giebt außer der 80000 B. starken öffentlichen Bibliothek noch 20 ansehnliche Privat-Bibl., drei bedeutende Münzkabinette, 6–7 Naturalien-Sammlungen, 10 Gemälde- und Kupferstich-Sammlungen. *W. L. Müller, 1821*

Nürnberg steckt voll von schönen und merkwürdigen Sachen, und schon im Germanischen Museum habe ich mich zwei Stunden lang dumm gelaufen. Aber zum Wohnen möchte ich die Stadt nicht, es ist mir zu eng zwischen den himmelhohen Häusern mit den hohen Spitzdächern.

Jakob Burckhardt, 1877

Die Stadt im 19. Jahrhundert
... indem warf das Morgenroth seine Flammen immer höher, und es gingen schon undeutliche Schatten neben ihnen, und die Gegend trat rund umher aus der ungewissen Dämmerung heraus; da glänzten die goldenen Knöpfe auf den Thürmen des heiligen Sebald und Laurentius, und röthlich färbte sich der Duft, der ihnen aus den Kornfeldern entgegen stieg. *Ludwig Tieck, 1798*

Nürnberg, einzig bist auch du zu nennen!
Du, des Mittelalters treues Bild,
Du allein von allen lehrst es kennen,
Das Verlangen wird in dir gestillt.

Wie Pompeji zeigt des Römers Leben,
Sich in dir die alte deutsche Zeit;
Wiederum als Gegenwart gegeben
Ist die glänzende Vergangenheit.

König Ludwig I. von Bayern, 1840

Zu Nürnberg haben wir gefrühstückt – eine häßliche Stadt – *W. A. Mozart, 1790*

Heiltumsweisung, Germanisches Nationalmuseum

Noch findet man die alten Thürme, welche man in A. Dürers Holzschnitten bewundert, die an Dächern so reichhaltig und wunderbar in einander greiffen, daß sie ein Musikus eine steinerne Simfonie nannte. *W. L. Müller, 1821*

Am anderen Morgen um halb 11 Uhr kam ich in Nürnberg an. Es war schönes Wetter; aber empfindlich kalt. Ich beschloß, mich einen Tag aufzuhalten, und bereue dies jetzt. Eines Rasttags bedurfte ich nicht, um aber eine solche Stadt kennen zu lernen, ist ein Tag zu wenig.
Friedrich Hebbel, 1843

Nürnberg ... Lieblingstochter der Cäsaren, wir grüssen dich. Es heisst, dass einst Venedig, die Stolze, die Völkerbeherrschende, deine Freundin und Schwester gewesen sei, und man glaubt es, wenn man dich sieht. Ihr waret zu gleicher Zeit jung und schön und verführerisch, nur mit dem Unterschied, dass sie es war, wie ein italisches Weib, und du wie ein deutsches. Du spannst dein schneeweisses Linnen selbst im sittigen Gemach, das von fürstlicher Lieblichkeit duftete, du webtest deine reichen Gewänder unter dem Gesang selbstgedichteter Lieder und maltest mit kunstreicher Hand keusche Gebilde auf die Leinwand – sie buhlte mit allen Meeren; Perlen, Schätze und Königreiche mussten ihr dieselben zu Füssen legen und sie salbte ihre üppigen Locken mit dem Rosenöl des Morgenlandes. Deutschland erkräftigte sich an dem Anblick deiner Tugenden, o Nürnberg, aber ein wollüstiges Leben ging durch die Nerven von Europa bei dem Namen Venedig.
Gustav von Heeringen, 1838

Die vergnügteste Zeit meiner Reise hatt' ich in Nürnberg. *Friedrich Hölderlin, 1794*

Burg

Der Platz selbst, worauf Nürnberg liegt, ist zu beeden Seiten der Pegnitz, welche zwischen ihren abhängigen Ufern flieset, etwas uneben. Eigentlicht ist aber nur eine beträchtliche Anhöhe, oder ein kleiner Berg in der Stadt, derienige nämlich, worauf die Kayserliche Burg gebauet ist. Dafür beherrscht aber auch diese Burg, besonders gegen Abend, eine beynahe unbegränzte und vortrefliche Aussicht. *Christian Gottlieb Müller, 1793*

Herrlich / und lobenswehrt ist das Käyserliche Schloß auf den Neronisberge der Statt ligende / in welchem die Abbildungen der Römischen Käyser / so daselbsten Hof gehalten / auf den grossen Saal / und andern Gemächern / vielerley fürtreffliche Sachen zu beschauen / darauf man / aus

Weg zur Burg, Radierung von Joh. Jakob Kirchner, um 1822, Germanisches Nationalmuseum

allen Fenstern / nicht allein die Statt / mit allen Häusern und Angehör / im Gesicht haben kan / sondern auch des gantzen Horizontens / und Landes-Refier / umb die Statt herum / einen überaus schönen *Prospect* einzunehmen / desgleichen im gantzen Reich schwerlich anzutreffen seyn wird. *Josephus Rosazer, Cosmographia*

An einem Orte der Brustwehre auf der Burg zeiget man im Steine die Eindrücke von dreyen neben einander in einer Linie stehenden Hufeisen als ein Denkmal, daß einsmals ein Hexenmeister, *Apelle Vocales,* woraus das gemeine Volk Heppele von Galen machet, von hier mit seinem Pferde, so nach dem eingedruckten Zeichen drey Füße neben einander gehabt haben muß, über den mehr als zwanzig Ruthen breiten Graben gesetzet haben soll.

Joh. Georg Keyßler, 1751

Ich war auf den Südweg unterhalb der Burg geraten, der immer noch als ein Weg über der Stadt gelten kann, so steil ist der Hang, als ich zwischen den kleinen Wohnungen hindurch, deren gelbe Lehmziegel den Eindruck des Armen, des Hinfälligen verstärken, plötzlich das Haus Dürers gewahrte. Etwas schmalbrüstig hockten die beiden Fachwerkgeschosse auf dem Steinsockel, das Dach, verwinkelt daraufgestülpt, zog das Ganze noch mehr ins Steile. Es ging kein Behagen, vor allem keine Ruhe, aus dem Haus hervor. Aber mir benahm es den Atem bei dem Gedanken, daß von dort drüben aus dem Fenster im zweiten Stock einmal diese Augen, die für die ganze Menschheit gesehen haben, hierher gerichtet sein konnten, auf diesen zerhöhlten Sandstein, auf den Efeuschatten daran und auf die hochmütige Front des kaiserlichen Palastes darüber.

Benno Reifenberg, 1950

Veste in Nürnberg, Stahlstich von Ludwig Richter, 1838, Stadtbibliothek Nürnberg

Die Veste ist unansehnlich, winklicht, alt. Die alten Kayser, welche dies Gebäude bewohnten, müssen sehr genügsam gewesen seyn. Ein mittelmäßiger Privatmann hat heut zu Tage bessere Zimmer. *Anselmus Rabiosus, 1796*

Die Erschütterung, die von Zeugnissen des hohen Mittelalters an uns Nachfahren rührt, überkam mich auf dem Gang über die Burg nur an einer einzigen Stelle. Das war, als ich unversehens in den Schatten des Heidenturms geriet, der inmitten der blanken Märzluft, das Gelächter der schaulustigen Menge zurückwerfend, doch wie in eine Einsamkeit gehüllt, schwer und verschlossen vor mir aufragte . . .

Benno Reifenberg, 1950

Der Blick über die ganze ausgedehnte Stadt mit ihren Kirchen, Türmen, Mauern, Toren und alten Gebäuden und der unübersehbare Horizont mit unzähligen Feldern, Wiesen, Gärten und endlich die freie Gebirgslinie nach dem Fichtelgebirge zu, ist ein Anblick, der einzig ist, und ich kann mir nirgends so sehr die Gegend von Rom vergegenwärtigen als hier auf dem Burghof, den ich oft besuche. *Joh. Chr. Xeller, 1814*

Rathaussaal, Stich von Joh. Adam Delsenbach, Anfang 18. Jh., Germanisches Nationalmuseum

Rathaus, Stich von Duttenhofer nach K. A. Heideloff, 1822, Stadtbibliothek Nürnberg

Rathaus

Unter den zahlreichen übrigen öffentlichen Gebäuden verdient besonders das Rathhaus gesehen zu werden, das sich in einer Länge mit mehr als 30 Fenstern hinzieht und 3 stattliche Eingänge hat. Die Nürnberger thaten sich von jeher viel zu Gute darauf und hielten es für einzig in seiner Art. Selbst das Amsterdamer sollte ihm nicht gleich kommen. Wenn nun auch hier die Eigenliebe zu viel gesagt hat, — denn schon im nahen Augsburg könnte sie einen würdigen Nebenbuhler finden! — so ist doch nicht zu läugnen, daß der Eindruck des Ganzen um so mehr überrascht, wenn man weiß, wie es schon in der ersten Hälfte des 14. Jahrhunderts erbaut worden, und der Styl dennoch so rein und einfach ist, um in der 275 F. langen Facade, an dem ringsherum laufenden Altane, an den offenen lustigen Gängen, die um das Innere herum führen, gleich an Italiens Paläste und Hallen zu denken.

Gottfried Wilhelm Becker, 1836

Das Rath-Hauß ist wohl Besehens-würdig: Es ist alldar ein grosser Saal / wie auch viel andere Zimmer / alle trefflich mit Schildereyen versehen. Auch sind alldar Steine / die sehr wohl verguldet auch bemahlet sind mit Gold und weisser Farb / als auch mit grüner / guldener / und andern mancherley Farben. *Edward Brown, 1686*

Das Rathaus hat eine italienische Fassade, die, wenn sie auch nicht die Kritik aushält, doch viel Frappantes hat. Nach den innern Höfen zu sind offene Galerien mit Arkaden. Hier wimmelt es von Menschen. Oben, als wir die breiten steinernen Treppen hinaufgegangen waren, traten wir gleich in den herrlichen großen Vorsaal, den sie in Ihrer Sammlung nürnbergischer Prospekte abgebildet haben. Er macht einen großen Eindruck, vornehmlich durch das hohe hölzerne Gewölbe, das die Krümmung eines Halbzirkels hat. Hier sah ich nun auch einige Rathsherren in ihrer schwarzen altdeutschen oder spanischen Tracht, mit weiten, faltigen, kurzen Röcken, großen Perücken und Degen, wie Sie auf jenem Kupferblatte sehen: ein auffallender Anblick. In die Ratsstube konnten wir nicht kommen. Vor den Türen stehen reichsstädtische Bürger, mit rostigen Hellebarden. *W. H. Wackenroder, 1793*

Es ist das Rathhauß zwar noch nicht gantz ausgearbeitet, wenn es aber zu Stande seyn sollte, würde ich es wahrhafftig vor schöner halten als das zu Amsterdam. *Balthasar de Monconys, 1663*

Wenn du aber das Rathaus besichtigst, dann könntest du glauben, dass sie sich um Bauten und Waffen nicht kümmern, so gross und so verschieden sind die Aufgaben der Verwaltung. Sie haben also vierzehn Stuben, die sich nach der der Verschiedenheit ihrer Aufgaben unterscheiden, hier die Ratsherren, dort die Losunger, andernorts die Rechtskundigen, die Fünferherren, die Rugherren, die Schöffen, Schreiber usw.

Johannes Cochlaeus, 1512

Verwaltung

Die Stadtdiener gehn auch hier, wie zu Lübeck und in vielen andern Reichsstädten, in Röcken von zweierley Farben. Die hiesigen haben ihren Rock, der aber mehr einem Wams ähnlich ist, auf der rechten Seite roth, und auf der linken weiß, wobey er einen ganz kurzen Schooß in lauter Falten hat. Die Ermel sind gleichfalls in Falten gepludert. Ein langer Spanischer Degen hängt an der Seite, eine Tracht, die comisch genug aussieht.

Philipp Wilhelm Gercken, 1784

So altfränkisch die Amtstracht der hiesigen Rathsherren, und so steif und gezwungen größerntheils ihr Umgang ist, so wenig verdienen doch die Nürnberger im Ganzen den Vorwurf reichsbürgerlicher Pedanterie und der lächerlichen Steifigkeit, den man ihnen überall gemacht hat. Einiger Originale wegen sollte man nie einem ganzen Volke Sonderbarkeiten aufbürden.

C. M. Plümicke, 1793

Aber gehaßter, tiefer und inniger gehaßt, ist wohl keine obrigkeitliche Gewalt, als der Magistrat von Nürnberg von seinen Bürgern. Ich habe Väter zu ihren Kindern sagen hören: Wenn ihr eine Kirche vorbeygeht, so betet ein Vater Unser; kommt ihr beym Rathhause vorbey, so betet zwey. Andere haben seit Jahren Umwege gemacht, um nicht am Rathhause vorbey zu kommen. Sie sagen: Es ist besser, das Hochgericht, als unser Rathhaus zu sehen.

Jonas Ludw. von Hess, 1798

In dieser Stadt wird alles ordentlich geführet, und ist eine galante Policey darinne, daß auch ihre Neider gestehen müssen, Nürnberg sey unter allen Reichs-Städten fast die Allerglückseligste.

Melissantes, 1713

Herr Gerder (Geuder), ein Edelmann der Stadt, ließ uns das sehr reiche Arsenal der Stadt sehen, in dem sich Waffen befinden, mit denen man mehr als zwanzigtausend Mann bewaffnen kann. Dieses Arsenal befindet sich gerade gegenüber der St. Lorenzkirche und enthält 5 sehr große Gewölbe, die in ihrer ganzen Länge einander stützen. Man sieht dort eine unendliche Zahl an Geschützen, alle aus Bronze, der Größe nach zu dreien oder zweien aufgestellt, ebenso auch die übrigen kleineren Waffen. Es gibt da eine große Menge an Kugeln, Panzern, Pickeln, Hellebarden, alten Hakenbüchsen verschiedener Art mit allem ihrem Zubehör. Wir sahen dort mittlere Kanonen aus Bronze, alle zusammengefügt und so gegossen, daß man mit ihnen mit einem Schlag 70 Schüsse abfeuern kann, mit den andern 30, 20, 10 und so bis 4. Es gibt eine Art Hakenbüchsen, die ein Mann leicht tragen und mit denen er vier Schüsse abfeuern kann.

Es gibt mehrere Bronzeinstrumente, die wie große Böller und geeignet sind, künstliches Feuer zu werfen. Man sieht da auch einige Maschinen aus Eisen, mit denen man Mauern untergraben und zum Einsturz bringen kann, wie der Kaiser es im letzten Jahre mit denjenigen versuchte, die

Zeughaus, Stich von Johann Adam Delsenbach, 1. Hälfte 18. Jh., Stadtbibliothek Nürnberg

er von besagtem Arsenal kommen ließ. Darin sieht man ebenso große Wurfmaschinen nach antiker Art und ein sehr starkes, großes Krokodil, das etwa 18 Fuß lang ist.

Jacque Esprinchard, 1597

Das Kornhauß war vor diesem der Burggrafen ihre Wohnung / ist aber nach dem Verkauff zum *Proviant* Hauß gemacht / dergleichen man in der Stadt noch mehrere und alle wohl versehen findet

N. H. Gundling, 1707

Ein lebendiges Zeugnuß solches herzlichen sonderbaren Lobs der Stadt / ist / daß ein Löblicher *Magistrat* nicht allein (der vielfältigen Teutschen Schulen dißmals zugeschweigen) unterschiedliche wolbestelte Lateinische Schulen in der Stadt / als bey S. Laurentzen / zum Heiligen Geist / und bey S. Jacob / sondern auch Anno 1526. ein sonderbares *Gymnasium* zu S. Egidi auffgerichtet / welches *Philipp. Melanchton* mit einer schönen *Oration* / in gemeldetem 1526 Jahr gleichsam eingeweihet hat. *Matthäus Merian, 1641*

Folgendes ist besonders bemerkenswert. Wenn irgendein Haus Feuer fängt (und sei es nur ein Kaminbrand), und die Flammen einen Meter hoch steigen, dann läuten die Wächter die Alarmglocken. Die Tore werden geschlossen, und die ganze Stadt läuft wohl ausgerüstet mit allem, was gebraucht wird, in Kriegsordnung zusammen, als ob der Feind in die Stadt eingebrochen wäre. Derjenige Reiter, der zuerst auf dem Marktplatz oder auf einem der vier Versammlungsplätze für Reiter ankommt, erhält 100 Gulden, der Zweite 50 und der Dritte 25, alle übrigen bekommen 6 Gulden pro Kopf. Jeder Mann weiß, was er zu tun hat. Die Fuhrleute und Träger der Stadt tragen die Leitern, Eimer und Wasser. Sie haben bei ihrer Aufnahme einen Eid abgelegt, das zu tun. Der erste, der eine Leiter oder einen Feuerhaken bringt, bekommt einen Gulden, der zweite einen halben und der dritte einen viertel Gulden — und alle übrigen ein Sechstel Gulden pro Kopf. Jeder braucht nur eine bestimmte Arbeit zu verrichten. Sie laufen nicht in Massen durcheinander wie in London, ohne Regeln und Anweisungen.

William Smith, 1594

Ueber weiteres hiesiges, altes, altfränkisches, antikes, gotisches, ja, was mehr ist, norisches Wesen will ich nicht mehr schreiben; gutmütig scheinen die Leute und auch wohlgesinnt und dankbar gegen bessere, besonders Schuleinrichtungen ... nur dies kann ich nicht übergehen, daß in den beiden Lokalen, der Sebalder und Lorenzer Schule, also in dem Progymnasium, den Primär- und Kollaboraturschulen, sich kein Abtritt befindet. Diese Geschichte ist gar zu schmählich und sozusagen scheußlich.

G. W. F. Hegel, 1809

Leben und Treiben

So wie man sich, besonders an einem Wochenmarktstag, so wie heute, der Stadt nähert, wird das Leben um einen her immer bunter und fröhlicher, Wagen (mit Landleuten und ihren Feldfrüchten) an Wagen, dazwischen die schön glänzenden, metallenen Gefäße mit frischer Milch, die reichen Felder oder vielmehr Feldgärten, die da der redliche Menschenfleiß mitten in den öden Sand hineingebaut hat. Kommt man nun vollends hinein, in die alte, große, reinliche Stadt, und bleibt eine Zeitlang drinnen, so bemerkt man wohl bald, daß man hier an einem Orte ist, den Gott gesegnet hat: zwar nicht mit Weinbau oder mit Goldbergwerken, oder mit großem Fang an Seefischen, aber dagegen mit vielen

Nürnbergerin mit Regentuch, Stich von J. A. Friderich, 1. Hälfte 18. Jh., Germanisches Nationalmuseum

fleißigen, fröhlichen Menschen, bei denen auch noch Gottesfurcht wohnet und treuherziger Bürgersinn. *G. H. von Schubert, 1823*

Nachdem auch endlich, wider ehedessen beschehenes Verboth, dieser schändliche Mißbrauch nicht abgestellet, sondern ie länger ie mehr beharret werden will, daß das Frauen-Volck an Sonn-Feyer und Predigtägen, mit Regentüchern bedeckt, in die Kirch zu gehen, darinnen, bey Haltung des Gottesdiensts also verhüllt zu sitzen, wie nicht weniger auch in solchem Unform vor der Obrigkeit, und Dero offentlichen Aemtern zu erscheinen, mit Männiglichs grossen Ärgernuß, sonderbarem Verdruß, und bösem Nachklang, sich nicht entblöden; Als will Ein HochEdler und Hochweiser Rath, ietzterwehnten Ubelstand, bey Straff fünff Gulden, die ein iede Person, so dieses verächtlich überfahren wird, unnachläßig bezahlen soll, nochmals ernstlich verboten, und benebenst ausdrücklich verordnet und geboten haben, daß ein jedes, so sich bey Regen- und Schneewetter der Regentücher gebrauchet, wann es den Gottesdienst besuchen, oder bey der Obrigkeit und Dero Ämtern etwas anbringen und verrichten will solche Rechentücher vorhero abthun, und zusammen legen, und alsdann in erbarer und gebührlicher Kleidung sich, bemelter Orten, einfinden, und erscheinen solle, darzu dann Ehrliebende Weibs-Personen verhoffentlich für sich selbsten geneigt seyn werden.

aus der Nürnberger Kleiderordnung vom Jahre 1693

Das weibliche Geschlecht ist gut gebildet, von zartem Wuchs und feiner Organisation; es giebt ungemein sanfte, liebevolle Gesichter unter den Nürnbergerinnen. In keinem Orte habe ich so viel schüchternes und jungfräuliches gefunden, als unter den Bewohnerinnen dieser Stadt. Sie tragen sich reinlich und nett, ohne Prunk und Zeigesucht. Ihr Geschmack ist einfach und anspruchslos, wie ihre Sitten und die bescheidenen Forderungen ihrer unverdorbenen Herzen.

Jonas Ludw. von Hess, 1798

Die Einwohner dieser Stadt haben Gesetze, die den Aufwand bestimmen, ihren Rang durch die gehörige Kleidung unterscheiden, den Ausschweifungen, die so manche andre Städte zerstören, zuvorkommen, und dieser Kleidung in dem Auge eines Fremden ein besseres Ansehen geben, als unsere Moden nicht thun. Ich darf mich nicht schämen, den Wunsch zu gestehen, daß diese Gesetze in andern Theilen der Welt ebenfalls ihre Kraft haben möchten. Betrachtet man unparteyisch das Verdienst, welches ein reicher Anzug in den meisten Orten hat, die Ehrfurcht, das gefällige Lächeln, das er verschaffet, nichts von dem Neide, den Seufzern, die er veranlasset zu sagen (welches für den Besitzer oft den hauptsächlichsten Reiz ausmacht) so ist man genöthiget, zu gestehen, daß ein ungewöhnlicher Verstand erfordert wird, der Versuchung, Freunden zu gefallen, und Nebenbuhler zu kränken, Widerstand zu thun.

Lady Mary Montague, 1763

Der reichste Kaufmann ... schämte sich auf keine Weise, überall, in den kleinfügigsten Theilen seines Geschäftes, bei der Hand zu sein, selbst mit Hand anzulegen und die pünktlichste Ordnung zu erhalten. Seine Gattin besorgte das Hauswesen mit einer vielleicht übertriebenen Reinlichkeit; kein schmutziges Winkelchen in irgend einem Theile des Hauses durfte sich zeigen, aber auch keine Pracht. Sogar eine eigene Spielart des Luxus lieferte den Beweis von der sorgfältigen Hausfrau. Eine Prachtküche legte sie an von zinnernen und kupfernen Gefäßen, bloß zum glänzend gescheuerten Anblicke, selten zum wirklichen Gebrauche. Die Schränke nebst den Kästen wurden angefüllt mit Leinwand aller Art, bestimmt zum Anzuge und zur Deckung der Tafel.

Neues Taschenbuch von Nürnberg, 1822

In Verhältniß der Größe, der Volkszahl, und der frühen Civilisation, giebt es gewiß keine sittlichere, bessere und sanftere Menschen-Gattung, als die Bewohner Nürnbergs. Unter den Kauffleuten und Künstlern findet man aufgeklärte, wohl unterrichtete Männer. Gesinde, unverzerte Vernunft trift man fast überall. Sie sind gastfrey ohne Prahlsucht; höflich ohne Kriecherey. Ihr Wohlwollen hat immer Gehalt, nie Schein. Das Gute, was der Nürnberger thut, geschieht nach dem Gebote seines guten Herzens, nie aus verstellter Eitelkeit. Der sogenannte Mittelstand ist arbeitsam, gottesfürchtig und fast zu höflich. Große Laster sind hier äußerst selten; häußliche, stille Tugenden, eheliches Glück, Verträglichkeit und Biederkeit fast allgemein.

Jonas Ludw. von Hess, 1798

Von Nürnberg ist es zweifelhaft, ob es zu Franken oder Bayern gehört. Der Name selbst weist darauf hin, daß die Stadt zu Bayern gehöre... Die Nürnberger selbst wollen weder als Bayern noch als Franken angesehen werden, sondern gewissermaßen als eine dritte Art.

Enea Silvio de'Piccolomini, 1485

Der Umgang mit dem nürnbergischen Frauenzimmer ist in Ansehung vieler anderer großen Städte noch sehr eingeschränkt. Man bekömmt solches wenig zu sehen, in die Versammlungen, so es untereinander hält, haben selbst die einheimischen Mannspersonen, wo sie nicht sonderlich bekannt sind, keinen Zutritt: und wenn gleich ein Fremder mit den besten Recommendationsschreiben an einen Nürnberger der eine Frau und Tochter hat, versehen ist; so wird dieser doch die ihm empfohlene Person selten zu sich in sein Haus laden, sondern sich begnügen, daß er sie im Wirthshause tractire, und, wo möglich, ihr mit einem Rausche, eine Ehre (wie sie es nennen) anthue. *Joh. Georg Keyßler, 1751*

Pracht und Aufwand, besonders in Kleidern, ist hier lange nicht so stark, wie zu Augspurg und Frankfurth. Die Bürger gehen ganz modest, und affektiren die neuen Moden nicht, viele altmodisch genug. Sie haben es auch bey ihren starken Abgaben nicht Ursach. Die Kleidung der Bürgertöchter und Mädgens ist recht sauber. Sie gehn scharf geschnürt, so, daß ich sie nicht leicht schmaler von Taille gesehen habe. Die mehresten tragen einen ziemlich hohen Kopfputz von feinem schwarzen Flor und Spitzen, so ihnen recht gut steht. *Philipp Wilhelm Gercken, 1784*

Sie versicherten uns, daß der grösseste Theil der gemeinen Bürger ganz nackend ohne Hembd zu Bette gienge, bloß um dasselbe zu schonen. Kan man glauben, daß es möglich sey, die Sparsamkeit oder vielmehr Kargheit so ausschweifend hoch zu treiben, zumal in einem Lande, wo der Flachs in grossem Ueberfluß wächset, und wo fast alle Weibspersonen spinnen, daß also die Leinwand sehr wohlfeil seyn muß?

Blainville, 1765

Man sol auch zu eynicher hochzeit weder Rephun haselhun vaßhun norhannen pirckhennen pfaben noch koppawnen, weder gesoten oder gepraten Auch weder hirssen noch Reheren praten nicht geben noch eynicherley visch oder hochzeit kraut außgenomen auff eynem yden tisch mag einen gepraten koppawn geben vnd ob das were das ymant auff den selben tag nit fleisch esse den selben personen, mog man ein essen oder zwey von vischen bescheidenlich geben (desgleichen mag man auch ob man will für ains der gewonlichen hochzeit gericht ain essen visch speisen vnd geben) on geuerde Unnd wer das vberfure vnnd annders hielt der solt XX. gulden lanndswerung darumb zu puß geben.

Item man sol auch zu einer yeden hochzeit keinen anndern wein zu trincken geben dann francken wein Reinischen wein oder andern wein in dem selben vngelt Es were dann das einich geste hie wern die auff derselben hochzeit essen vnnd denen von Rats wegen wein geschenckt wurde denselben Schenckwein mocht man auff der hochzeit wol trinken vnnd geben vngeuerlich Unnd wer der nechst obgeschriben vier stück eins oder mer vberfure, der solt von eynem yeden vberfarn stuck So er darumb furpracht oder gerugt wurde vnnd sich des fur sich vnnd seinen gewalt mit seinem Rechten nit benemen mocht. XX. gulden lanndswerung zu puß veruallen sein.

aus ›Nürnbergisches Hochzeitsbüchlein vom Jahr 1485‹

Das Schwarzbeerweib, aus der Blattfolge Nürnbergische Ausrufer von A. Gabler, 1790
Germanisches Nationalmuseum

Eine Hochzeitsmalzeit kostete im J. 1564. achtzig Pfennige, im J. 1589. einen halben Gulden und im J. 1602. funfzehn Batzen.
Bey jedem Gastmahle musten zum Nachtische Küchlein gegeben werden, wovon die Bürger große Liebhaber gewesen zu seyn scheinen, denn im Iahr 1605. zählte man über 150 Küchleinbäcker.
Joh. Ferdinand Roth, 1812

Endlich will auch Ein Hoch-Edler Rath, Dero Liebe Burgerschafft, sonderlich bey ietzigen schweren und höchstgefährlichen Zeiten, allen üppigen Pracht, auch bey Hochzeiten, Leichen, und andern dergleichen öffentlichen *Solennitäten*, gänzlichen abzustellen, und sich denen deßwegen ehemaln in offenen Druck ausgegangenen Ordnungen gemäs zu bezeugen, Treu- vätterlich ermahnet: Die Ubertrettere aber für Schaden und Straff hiemit Ernstlich verwarnet haben.
aus der Nürnberger Kleiderordnung vom Jahre 1693

Unter den Marktplätzen stehet voran der grose oder sogenannte grüne Markt. Letztern Beynamen trägt er von dem Gemüß, welches von den Gärtnern und benachbarten Landleuten dahin zum Verkauf gebracht wird. Er liegt unterhalb dem Rathhaus gegen Mittag, bildet ein groses Viereck, und ist mit einem Springbrunnen gezieret, der den Namen des Schönen mit Recht führet. Auf diesem Markt werden, auser den herrlichen Gartenfrüchten von allen Gattungen, die nahe um die Stadt mit vielem Fleis gebauet werden, auch allerley andere Victualien, als Eyer, Schmalz, Butter, Käse, Geflügel, Wildpret, Krebse, Salzfische etc. verkauft. Er enthält noch auserdem Raum genug, auch die Kräme oder Boutiquen zu Meßzeiten zu fassen, welche, da sie nur leicht von Brettern zusammengeschlagen sind, auser dieser Zeit weggenommen werden. Einige Wochen vor Weynachten wird daselbst auch der sogenannte Kindleinsmarkt gehalten. Dieser ist auch eine Art von Jahrmarkt, aber nur für Einheimische und bürgerliche Professionisten, welche meistens *Quincailleries* feil haben.
Christian Gottlieb Müller, 1793

Nürnbergischer Ausrufer, aus einem Nürnberger Bilderbogen, 1797, Stadtbibliothek Nürnberg

Nichts ist interessanter, als an einem Sonnabende das Thun und Treiben der Nürnberger auf dem großen Herrenmarkte zu sehen. Die halbe Frauenwelt aus den mittlern und untern Ständen ist an diesem Tage hier versammelt, und läßt sich in seiner Nürnberger Mundart theils marktend, theils schimpfend auf eine sehr erfreuliche Art vernehmen . . .
Die Nürnberger Bäuerinnen sind besonders unerschöpflich an Schimpfnamen der seltsamsten Art . . . Oft machen sich daher die Erlanger Studenten, wenn sie nach Nürnberg kommen, das Vergnügen, der schlimmsten unter ihnen mit dem Fuß die Körbe umzustoßen. Mehr bedarf es nicht,

sie in Wuth zu setzen: Du Flegel, du Lausiger, du Batziger, du krummes Sesselgestell, du Leuchterkörblesgesicht, du hölzernes Gelächter, du Anklopfer zu St. Sebald, du papiernes Ofengeländer u. s. w. *Johann Heinrich Meynier, 1823*

Ein origineller Markt ist der Trödelmarkt, auf welchem man die heterogensten Gegenstände, darunter manche sehr gute alte Waare, Meublen, Küchenzeug, Uhren, Lampen, Betten, Pokale, Waffen, Luxusartikel und Gegenstände des alltäglichen Gebrauchs; Koffer und Kassen, Gemälde, Kupferstiche, Bücher in kunterbunter Parade aufgestellt sieht, eine Art dieses Marktes hat sich auch um die Frauenkirche herum angesiedelt und wenn man gerade Zeit übrig hat, so besucht man diese Orte, neben der Unterhaltung kommt man vielleicht in dem Besitz dieses oder jenes Stückes, das man häufig nicht um den mehrfachen Preis, um den man es erstanden, ablassen wird. *Friedrich Mayer, 1842*

Der alte oder erste Weinmarkt erstreckte sich von der Unter-Waage an, bey den Riesen hinab, bis auf den Neuen Bau. An einem einzigen Donnerstage kamen oft mehr als einhundert Wägen mit Wein hieher. Jede Landessorte hatte ihren eigenen Stand, wo die Wagen hielten, z. E. Fränkische, Neckar, Rheinische, Tauberweine u. a. Was von den gekommenen Weinen Donnerstag und Freytag nicht verkauft wurde, das wurde in dem Weinstadel oder in dem Herren Keller bis zur folgenden Woche aufbewahrt.

Johann Ferdinand Roth, 1813

Der Weinschenken und Bierhäuser giebt es hier eine große Menge; der Erstern mögen ungefähr 14, der Letztern aber bey 400 seyn. Es wird hier braunes (rothes), weißes und Waizenbier gebraut. Das Letztere wurde im J. 1641. zuerst in dem Brauhause des neuen Hospitals gebraut. In dem Jahre 1671. aber wurde ein eigenes Waizenbierbrauhaus erbaut. *Joh. Ferdinand Roth, 1813*

Sie hat sehr gute Gasthöfe, und mit Ausnahme des Weines findet man alle anderen zum menschlichen Dasein gehörenden Dinge für einen anständigen Preis.

Conte Galleazzo Gualdo Priorato, 1668

Nürnbergische Ausrufer, aus einem Nürnberger Bilderbogen, 1797, Stadtbibliothek Nürnberg

Da die Weinwirthe den Wein zu theuer ausgeschenkt hatten, nämlich zu 12, 13, 14, 15, 16 auch bis 18 Kreutzer die Maaß, so wurde im J. 1615. von der Obrigkeit folgende Taxe vorgeschrieben:
Der beste alte Rheinwein 50 Pfennige,
der gemeine Rheinwein 48 Pfennige,
der Tauber- Franken- und Neckarwein 36 Pfennige. *Joh. Ferdinand Roth, 1812*

Dieweil sich teglichs so viel gefährlicher Verwundungen aus und von wegen der Fülle des Weins zutragen, auch andere Ungeschicklichkeiten von solchen vollen Manns und Weibspersonen begangen werden, Ist befohlen, das Kärnle, so vor 17 Jahren zur straf und Abscheu dergleichen vollen Zapfen gemacht worden, wieder herfürzusuchen, und unter das Fünferhaus zu stellen, doch den Knechten zu bevehlen, one Vorwißen und Geheiß der Herrn Bürgermeister niemand darein zu setzen, sonderlich von fremden Kriegsleuten und Reutern.

Ratserlaß der Stadt Nürnberg von 1557

In Nürnberg wurde in den frühern Iahrhunderten alle Iahre, bis in das XVII. Iahrhundert hinab, von den Männern, welche den verkäuflichen Wein in den Strassen ausschrien, am Urbans-Tag das Bild des H. Urbans herumgetragen. Ein Wein-Ausrufer, welcher den H. Urban vorstellete, ritt auf einem dürren und magern Schimmel, in einem linnenen, roth bemalten Kleide, welches mit Narrenkappen und mit vielen Federn von man-

Urbansritt, Stich, 18. Jh., Germanisches Nationalmuseum

cherley Farben bestreut war, in der Stadt herum und hielt vor jeder Weinschenke stille, wo ihm und seinen Begleitern ein Trunk Weins und ein Geschenk an Geld gereicht wurde.
Der Zug bey dieser Volks-Lustbarkeit geschah in folgender Ordnung. Voran gieng ein Stadtdiener, nach welchem die Musikanten kamen mit Sackpfeifen und Schalmeyen. Hierauf kam ein Mann in einem rothen Rocke und mit einem runden Huthe auf dem Haupte. Er trug einen Zweig von einem Fichtenbaume, welcher mit Spiegelchen und andern Gläs’chen behangen war. Nun kam Urban selbst, welcher auf einem Schimmel, gleich einem Taumelnden, hin und her wankte, bald auf diese, bald auf jene Seite ritt, um unter dem zuströmenden Volk Angst und Schrecken zu verbreiten. Von Zeit zu Zeit rief er wie ein Betrunkener ›Juchhey! Juchhey‹! aus.
Ihm zur Seite trug ein Mann einen silbernen Becher, woraus Urban von Zeit zu Zeit trank. Begegneten ihm Freunde auf dem Wege, so reichte er Ihnen solchen zum Trinken. Zur andern Seite neben ihm gieng eine Weibsperson mit einem Tragkorbe, worin Spiegel’chen und andere gläserne Waaren sich befanden, welche er theils verkaufte, theils unter die Kinder warf, die ihm nachliefen. Neben ihm gieng auch der Eigenthümer des Roßes, dem derselbe von Zeit zu Zeit einen Büschel Heu zum Fressen gab.
Hinter dem Urban giengen zwey Männer in rothen Röcken und mit rothen Hüthen auf dem Haupte. Jeder trug an einem Rohre über der Achsel eine große Flasche, worein sie den Wein gosen, mit welchem ihnen die Wirthe ein Geschenk machten. *Joh. Ferdinand Roth, 1812*

Vorzeiten hielten auch gewisse Handwercker / als insonderheit die Fleischer / ihre besondere Täntze / wobey dann der Schönbart geloffen

‚Höll‘ des Schembartlaufes 1539, Nürnberger Schembartbuch, 16. Jh., Stadtbibliothek Nürnberg

ward / nunmehro aber sind selbige Täntze abgeschaffet; doch tragen zu Zeiten die Fleischhauer eine grosse Wurst auf Stangen / unter Trompeten und Pauckenschall / durch die Stadt. Die letztere Bratwurst ist getragen von 12. Knechten des Metzger-Handwercks den 8. und 9. Febr. 1658. Ihre Länge war 658 Ellen / hatte an Gewicht 514 Pfund; die Stange daran sie getragen / war 49. Schuhe lang. Die Wurst war oben mit grün besteckt; Die Träger hatten in der lincken Hand Gabeln / damit sie ruhen konten.

N. H. Gundling, 1707

In dem Iahr 1350 (nach Andern 1351.) lief zur Fastenzeit ein, auch zwey Tage vor Aschermittwochen, die erste Gesellschaft des Schönbarts. Zu dieser öffentlichen Lustbarkeit in Masken-Kleidung hatte das Handwerk der Fleischer (Metzger) von dem Kaiser Karl IV. und dem Magistrat die Erlaubniß erhalten, weil sie dem alten Magistrat bey dem großen Volks-Aufruhr im Iahr 1349 getreu geblieben waren. Sie stellten in diesem Iahre einen Zämertanz an, wobey sie einander an ledernen Ringen hielten, welche die Form von Würsten hatten . . .
Da aber dieses Schönbartlaufen, die Kleidung, und andere Anstalten dieser Lustbarkeit vielen Geldaufwand erforderte, so überließen die Fleischer das Recht des Schönbartlaufens an andere bürgerliche Gesellschaften gegen eine bestimmte Summe Geldes. Von dem Iahr 1457. an erkauften mehrentheils die jungen Patrizier dieses Recht.
Das Schönbart-Kleid ward alle Jahre verändert, sowohl in Ansehung der Form als auch in Ansehung der Farben; die Kleider selbst waren von Sammet oder Seide.
Man sahe bey diesen Aufzügen bald einen wilden Mann mit einem Wolfskopfe, deßen grünes Kleid mit Spiegeln besetzt war, bald eine Indianerin, an welcher lauter Kastanien hiengen u. s. w. Voran liefen einige Vermummte als Narren (Pikelheringe) mit Kolben oder Pritschen, um das herbeystürmende Volk zurückzuhalten. Sodann kam ein Polichinello mit einem Sacke voll Nüße, die er unter die Gassenbuben warf. Ein Anderer zu Pferd hatte in einem Korbe eine Menge Eier, welche mit Rosenwasser gefüllt waren. Diese warf man auf die Frauenzimmer, welche sich an den Fenstern oder auf den Strassen sehen ließen. Dann kamen die Schönbartslaufer selbst, welche in den Händen lange Rohre trugen, die man Feuerkolben nannte und die mit Wintergrün

Schembartläufer von 1516, Nürnberger Schembartbuch, Mitte 16. Jh., Stadtbibliothek Nürnberg

umwunden waren. In diese schob man ein Röhrchen mit etlichen Schüßen, welche währendem Laufen losgebrannt wurden. Dergleichen Feuerkolben hatte jedes Männlein, wie sie damals genennet zu werden pflegten. Mit ihnen zogen die Schutzhalter (Beschützer), die Hauptleute und das Musikchor. . .
Vom J. 1475. an endigte sich der Zug mit dem Bilde der sogenannten Hölle, welche auf einer Schleife nachgezogen wurde. Diese große Maschine enthielt ein Feuerwerk, das am Schlusse

2 Schembartläufer, Nürnberger Schembartbuch, Mitte 16. Jh., Stadtbibliothek Nürnberg

der Lustbarkeit vor dem Rathhauße angezündet wurde. . .
Im Iahr 1539. geschah das Schönbartlaufen, zum letztenmal . . . Dießmal stellte die Hölle, welche die Gesellschaft mit führte, ein Schiff vor, worin ein Priester zwischen einem Doctor, und Narren saß. Der Priester sah dem damaligen Doctor Andreas Osiander so ähnlich, daß ihn sogleich Jedermann erkannte. Dieser beklagte sich darüber bey dem Magistrat und — das Schönbartlaufen wurde auf immer verboten.

Johann Ferdinand Roth, 1812

Es ist sogleich bekannt, wenn in einem Städtchen oder Dorfe was Leckres aushängt, und, sey es meilenweit, der Nürnberger muß dahin . . . Wo ein junges Schwein abgestochen ist, wo ein Hammelschießen, ein Wurstbraten aussteht, wo grade die besten Früchte und Kuchen und Fische, an diesem und jenem Tage zu haben sind, das weiß man sogleich. . .
Gebackenes und Süßes wird wohl an keinem Orte mehr verschlungen; dies zeugen am besten die vielen Lebküchner und Zuckerbäcker und die zahnlosen Mäuler. Es ist keine Fabel, daß so eine Familie oft an Einem Tage drei bis vier Dörfer zechend und schmausend durchzieht. Nicht gern fährt ein Nürnberger einem Wirthshause vorbey, ohne etwas zu sich zu nehmen. Nun der Himmel gönnt es ihnen, wenn es ihnen nur zu Fleisch und Blut würde! Aber das ist denn doch sehr ärgerlich, wenn man sie nun sprechen hören muß und nichts vernimmt, als wo die besten Braten, Würste und Ferkel sind; wo das und das Bier und der und der Wein am besten ist; wo der beste Kaffee geschenkt wird etc.

Ernst Moritz Arndt, 1801

Nürnberg hat ein gesundes, für Deutschland sanftes Klima; und dennoch ist das Verhältniß der Gestorbenen gegen die Gebohrnen, wie in andern großen Städten. Hier sterben eine große Menge Menschen an der Lungensucht, wozu der die Stadt umgebende, sandige Boden, der bey dem geringsten trockenen Winde wie Staub umherfliegt, das viele und frühe Tabacksrauchen der Handwerker und Künstler, die stille sitzende Arbeit dieser fleißigen Menschen und das häufige Trinken des Fahrenbacher Biers, das ein Lieblingsgetränk der Nürnberger, aber sehr auszehrend sein soll, vieles beiträgt.

Jonas Ludw. von Hess, 1798

Fischerstechen, Stich aus dem 17. Jh., Germanisches Nationalmuseum

In den frühern Iahrhunderten wurde fast alle Iahre auf dem Pegnitzfluße ein Fischerstechen gehalten. Im J. 1705. geschahe es zum letztenmal.
Joh. Ferdinand Roth, 1812

Ich hatte noch in der Abenddämmerung in das ›Wurstglöckle‹ hineingeschaut und mich viel zu alt gefunden, um dort noch eventuelle Fidelitäten anderer Leute mit anzusehen. Vollends in die ›Wolfsschlucht‹ hätten mich keine vier Pferde hineingebracht; es sass dort alles dick bis weit auf die Gasse, weil daselbst das einzige anständige Bier verzapft werden soll, während sonst in Nürnberg (laut Schimpfens in den Zeitungen) das Bierelend allgemein sein soll. *J. Burckardt, 1877*

Es war von jeher ein schöner frommer Gemüthszug der schlichten geraden Nürnberger, bei eigenem Reichtum der Armuth der Nebenmenschen zu gedenken und es nicht bei dem Gedanken allein bewenden zu lassen, sondern der Armuth beizuspringen; daher die Menge Stiftungen und Wohltätigkeitsanstalten, deren sich schwerlich eine andere Stadt von gleicher Größe rühmen kann. Es mögen gegen 300 solcher milden Institute bestehen ... *Friedrich Mayer, 1842*

Weniger als eine viertel englische Meile von der Stadt entfernt (auch ihre Friedhöfe liegen in dieser Entfernung), ist das schöne, neue Gebäude, Lazarett genannt. Es hat schöne Zimmer und ist mit guten Betten ausgestattet, sauberem Bettzeug, Brunnen mit frischem Wasser, und gleich nebenan ist der Fluß. Es hat alles, was zu einem guten Hospital gehört, nicht zuletzt Ärzte, Wundärzte und gutes Pflegepersonal. Es kommt selten vor, daß dort jemand stirbt, die meisten werden wieder gesund und können nach Hause zurück. Ein solches Lazarett habe ich mir oft in England gewünscht. Jetzt wird eines zwischen London und Islington gebaut und ich wünsche bei Gott, daß etwas Gutes daraus wird. *William Smith, 1594*

Johannisfriedhof, Stahlstich von Ludwig Richter, 1838, Stadtbibliothek Nürnberg

Albrecht Dürer, Sandrart, Hans Sachs und andere ruhen auf einem schönen, ganz offenen Kirchhofe außerhalb der Mauern, unter einer bunten Decke mannigfaltiger Blumen; der schönste Kirchhof, den ich bis jetzt gesehen habe, und interessanter als jeder andere durch die Gebeine der für ihren *(sic!)* Zeiten wenigstens durchgängig großen Künstler, deren Vaterland Nürnberg war.

Wilh. Heinr. Wackenroder, 1793

Ueberall lasten ungeheure Steine auf den Gräbern, und die Nürnberger müssen nothwendig, wenn die letzte Posaune erschallet, später vor Gerichte kommen, als wir andern.

Karl Julius Weber, 1826

Ein Nürnbergisches Prunkbegräbniß ist ein wahrhaft comi-tragisches Spektakel. Voran gehen die Findelkinder in ihren ziegelrothen Röcken, und mit langen rothen Stangen, dann kommen paarweise 8 Herren vom hohen Rathe, hierauf 6 Geistliche in ihren weissen Chorrökken, runden Perükken und großen runden Halskragen: der Sarg ist mit einem schwarzen Tuche bedeckt, worauf ein großes rothes Kreuz gestickt ist, und wird von Männern mit pechschwarzen Perükken getragen ... Solch ein Leichenbegängnis kostet 300 Gulden. *F. Ph. Wilmsen, 1796*

Das Clima ist mild. Auf die Witterungsverhältnisse haben weder hohe Berge, noch tiefe dazwischen liegende Thäler einen Einfluß. Heftige und lange anhaltende Gewitter sind hier seltener, als dort, wo hohe Berge das Weiterziehen hindern. Hier werden sie größtentheils von den nahe liegenden Wäldern angezogen und bleiben daher selten lange über der Stadt stehen. Heiße Sommer sind, wegen des Sandbodens und des wenigen Schattens um die Stadt, beschwerlich. Doch bieten in den nächsten Umgebungen die seit fünf bis sechs Jahren fast um die ganze Stadt herum geschaffenen Anlagen dem Lustwandelnden einigen Schutz, und angenehme Ruheplätze dar. *Neues Taschenbuch von Nürnberg, 1829*

Ferner macht mir die Umgegend von Nürnberg förmlich übel, dies sandige Wellenland mit Fichten und Rüben; auch erfuhr ich, dass hier heftig Tabak gepflanzt werde, und glaube sogar, dass diejenige Havanna, welche ich eben jetzt rauche, aus leidlicher Nähe stammen möchte ...
Doch muß ich zum Lobe Nürnbergs noch beifügen, dass auch viel Meerrettich gepflanzt wird, welchen ich sehr liebe. Doch genügt Merrettich noch nicht, um über eine ganze, absolut weinlose Gegend einen verklärenden Schimmer zu verbeiten. Auch pflegt er etwas aufzustossen. Daher ich mich denn nicht wenig auf Bamberg und Würzburg freue. Solche alte Pfaffenstädte haben immer etwas Verlottertes und Fideles, wie ich es gern habe. *Jakob Burckhardt, 1877*

Wenn einer Deutschland kennen
Und Deutschland lieben soll,
Wird man ihm Nürnberg nennen,
Der edlen Künste voll.

Max von Schenkendorf, 1837

Nürnberg ist eine meiner Lieblingsstädte, das alterthümliche und doch so reinliche, das so sehr misshandelte, und doch so gute Nürnberg, das Baiern recht eigentlich erlöset hat; nie verliess ich es ohne Wehmuth, und nie sahe ich es wieder ohne ein gewisses Gefühl vom Heimischen. Nürnberg hätte mir deutsche Bundesstadt werden müssen. Es liegt in der Mitte von Deutschland, nicht so wie Frankfurt, es ist minder theuer und weniger geräuschvoll; die Nürnberger hätten die Ge-

Der Schmausengarten, gez. und gest. von Joh. Ludwig Stahl, 1789, Germanisches Nationalmuseum

sandten auf den Händen getragen, statt durch Kaufmannsstolz die diplomatische Würde zu beeinträchtigen ... *Karl Julius Weber, 1826*

Der berühmte Schmaußengarten ist voll alter Statüen und Springbrunnen, beschnittne Gänge und Baumplätze, hat aber doch ganz die Tracht des 17ten oder gar 16ten Jahrhunderts (die Statüen sogar haben lange Lockenperrücken.) —
G. H. Schubert 1809

Zu den Lustorten der Nürnbergischen Einwohner gehört auch der sogenannte Dutzend-Teich.
Bey dem Dutzend-Teiche, einem beträchtlichen Weiher, befindet sich ein Wirthschaftsgebäude, das mit einem Walde ringsumher umgeben ist. Jener Weiher erhielt den Namen Dutzend-Teich, weil in jener Gegend auch ohngefähr zwölf andere Weiher sind, von denen manche in den neuesten Zeiten zu Wiesen benützt werden.
Dieser Lustort liegt eine halbe Stunde vor dem

Frauenthor gegen Morgen. Im Sommer kann man auf Gondeln und Kähnen fahren; im Winter vergnügen sich viele Personen auf dem zugefrornen Weiher, indem sie auf dem Schlitten fahren oder auf Schlittschuhen laufen, oder auf dem Rädchen fahren etc. *Joh. Ferd. Roth, 1813*

Ich sage nicht unbillig, die Gegend um Nürnberg sey ein Paradieß von Teutschland zu nennen: Denn wo findet man eine so schöne und mit solchen vortrefflichen Lust-Schlössern prangende anmuthige Plaine, als um Nürnberg?

Joh. Heinrich v. Falckenstein, 1733

Dutzendteich, Stich von F. A. Annert, Germanisches Nationalmuseum

Schloß Hummelstein bei Nürnberg, Radierung von Chr. Wilder, 1809, Germanisches Nationalmuseum

Ich schaute lange vom Fenster hinüber zur Burg in der umgekehrten Richtung, wie ich kurz zuvor von da aus das Dürerhaus erblickt hatte. Es war, wie die Stadtpläne bestätigen, an dieser Aussicht nichts verändert seit den Tagen, da Dürer sie durchmessen hat. Kein neues Bauwerk hatte sich seitdem dazwischengeschoben, kein altes war abgerissen. Immer hatte es diese wenigen bürgerlichen Giebelhäuser in der Oberen Schmiedgasse gegeben und die dahinter aufragende Südwestecke der Burg, die lange, hohe Kaisersaalwand und den stämmigen Heidenturm als östlichen Wächter.

... Es ist da die Enge der ummauerten Stadt und zugleich, wie der Umriß der Burg am Himmel steht, die Sehnsucht ins Weite eigentümlich verschmolzen. Dürer hat an beidem teilgehabt, und damit ist er ein echter Sohn seiner Stadt gewesen. Nürnberg, dem die ersten kaiserlichen Privilegien zukamen, weil es ›auf einem harten Boden‹ gelegen war, hat in sich die Kunstfertigkeit erzeugt, die zuweilen zu Formeln erstarren konnte, aber ingrimmig nach Innen gerichtet ins Erfinderische übersprang. Die erstaunliche Spezialisierung des Nürnberger Handwerks rührt daher. Es gehört zu dieser emsigen Stadt, daß in seinen Mauern die Taschenuhr erfunden wird und schließlich auch, daß die erste Eisenbahn nirgends anders als von Nürnberg nach Fürth gelaufen ist. *Benno Reifenberg, 1950*

Gegenwärtig sind zwei in England erbaute Lokomotiven, jede zu 20 Pferdekraft, der Adler und der Pfeil, im Gebrauch, die von einem englischen Maschinisten geführt werden... Mit Dampf wird nur des Nachmittags gefahren, Morgens und Abends werden Pferde den Waggons vorgespannt. *Friedrich Mayer, 1842*

Nürnberg war eine große Enttäuschung für mich. Ich fuhr an einem trüben Tag, Schnee und Regen durcheinander, ... und ich war froh, als ich Nürnberg erreicht hatte. Heimlich hatte ich in dieser gotischen Stadt allerlei Wunder erwartet, hatte auf Begegnungen mit dem Geist E. T. A. Hoffmanns und Wackenroders gehofft, und damit war es nun nichts. Die Stadt hatte mir einen furchtbaren Eindruck gemacht, woran natürlich nicht die Stadt, nur ich allein die Schuld trage. Ich sah eine wahrhaft entzückende alte Stadt, reicher als Ulm, origineller als Augsburg, ich sah St. Lorenz und St. Sebald, sah das Rathaus mit dem Hof, wo der Brunnen so unsäglich anmutig steht. Ich sah dies alles, und alles war sehr schön, aber alles war umbaut von einer großen, lieblosen, öden Geschäftsstadt, war umknattert von Motoren, umschlängelt von Automobilen, alles zitterte leise unterm Tempo einer andern Zeit, die keine Netzgewölbe baut und keine Brunnen hold wie Blumen in stille Höfe hinzustellen weiß, alles schien bereit, in der nächsten Stunde einzustürzen, denn es hatte keinen Zweck und keine Seele mehr. Was für schöne, was für entzückende Sachen sah ich in dieser tollen Stadt! Nicht nur die Berühmtheiten, die Kirchen, die Brunnen, das Dürerhaus, die Burg, sondern auch eine Menge von jenen kleinen, zufälligen Sachen, die mir im Grunde lieber sind. Eine Apotheke, zur Kugel genannt, wo ich mir ein neues Badeglas für die Augen kaufte, ein festes, schönes altes Haus, die hatte in einem ihrer Schaufenster ein ausgestopftes, eben aus dem Ei gekrochenes junges Krokodilchen stehen, samt der Eischale, und mehr solcher Dinge. Aber es half alles nichts. Ich sah alles nur noch in die Auspuffgase dieser verfluchten Maschinen gehüllt, alles unterwühlt, alles vibrierend von einem Leben, das ich nicht als menschlich, nur als teuflisch empfinden kann, alles bereit zu sterben, bereit zu Staub zu werden, sehnsüchtig nach Einsturz und Untergang, angeekelt von dieser Welt, müde des Dastehens ohne Zweck, des Schönseins ohne Seele. *Hermann Hesse, 1927*

Erst sehr allmählich, als ›Die Meistersinger‹ die festliche Vorstellung von Nürnberg durch einen Hauch von Natur erfrischten und zur ›feierlichen Würde‹ die Lieblichkeit fügten, war begriffen worden, daß diese Stadt wirklich durch Jahrhunderte wie einen fortdauernden Traum ihre Vergangenheit weitergetragen hatte und daß hier eine längst entschwundene Zeit durch die seltsame Leibhaftigkeit ihrer Bauten in unsere Epoche hereinragt. *Benno Reifenberg, 1950*

Aber welches Schicksal dann in den letzt verwichenen Jahrzehnten: der Streicher und der Hitler, die ›Stadt der Parteitage‹ und die Stadt der ›Nürnberger Gesetze‹ und dann als Gegenzug die Stadt der ›Nürnberger Prozesse‹ — sollte der Name der ehrwürdigen Noris von der Geschichte verschmiert werden und verschmiert bleiben! Die wunderbare Pracht des Gewesenen, die Selbstdarstellung eines urbanen und gebildeten, eines humanistischen und humanen Geistes, war wehrlos gegen das, was neben ihr, was in ihr geschah . . .

Theodor Heuss, 1952

Man meint, man wüßte, was Nürnberg ist. Immer aufs neue von einer erregten Bewunderung für diese Stadt ergriffen, von einem gar nicht zu beruhigenden Staunen über ihre durchgebildete Vollkommenheit, hat man längst auch Vorbehalte und Entzückungen gegeneinander ausgespielt, um beide ins rechte Verhältnis zu setzen, das dem vielfältigen, auch hintergründigen Wesen dieser zugleich bürgerlich-heiteren, mit sich spielenden und wieder strengen, da und dort sogar fruchtbar beklemmenden Altstadt entspricht.

Wilhelm Hausenstein, 1935

Auff das sein lob grün / blü vnd wachs /
Das wünscht von Nürnberg H. Sachs.

Hans Sachs, 1530

Kanalhafen mit Eisenbahn, Stich von J. Riegel, 1845, Stadtbibliothek Nürnberg

Der Blick über Spittlertor- und Neutorgraben zur Burg ist wie kaum ein anderer geeignet zu zeigen in welch hohem Maß es den Nürnbergern gelungen ist, ihrer 1945 zu 90 % in Trümmern liegenden Altstadt wieder das alte, von der geschichtlichen Entwicklung geformte Ansehen zu geben.

Wie eh und je stehen die Häuser steilgiebelig und dicht gedrängt um die Burg, liegt die Altstadt wie seit Jahrhunderten innerhalb von Mauer und Graben. Gerade der großartige Befestigungsgürtel, trotz mancher Eingriffe des 19. Jahrhunderts noch immer einer der stärksten und besterhaltenen aller europäischen Großstädte, ist von entscheidender Bedeutung für den Charakter und die überraschende Geschlossenheit des Nürnberger Stadtbildes. Wurde doch die Mauer, zunächst und vor allem zum Schutz der Bürger angelegt, allmählich auch zum Sinnbild von Macht und Ansehen der Freien Reichsstadt.
Die etwa 5 km lange, 1346 — 1452 erbaute und im 16./17. Jahrhundert verstärkte letzte Stadtmauer — von der älteren, nun im Stadtgebiet gelegenen Ummauerung des 13. Jahrhunderts sind Reste erhalten — besteht aus einer 7 — 8 m hohen, etwa 1 m dicken Mauer mit überdachten Wehrgängen, nahezu 100 Türmen, dem etwa 15 m breiten Zwinger und dem 20 m breiten, bis zu 12 m tiefen, immer schon trockenen Graben. Von den fünf Haupttoren — das Vestnertor gehört zur Burgbefestigung —, dem Laufer-, Frauen-, Spittler-, Neu- und Tiergärtnertor, stammt das letztere mit seinem hohen, schlanken Turm noch von der sog. vorletzten Stadtbefestigung des 13. Jahrhunderts. 1538 — 45 entstanden die großartigen Fazuni'schen Bastionen der zu ihrer Zeit sensationellen polygonalen Burgbastei, der ›Bastei hinter der Veste‹; 1556 — 59 nach den Entwürfen von Stadtwerkmeister Georg Unger durch die Ummantelung der alten Vierecktürme mit 6 m starken Mauern die mächtigen Rundtürme der vier Haupttore, in ihrer bei aller Sachlichkeit wohlausgewogenen Wucht Bauten typisch nürnbergischer Prägung.

Wie seit Jahrhunderten umgeben die Häuser der Stadt steilgiebelig und dicht gedrängt die Nürnberger Burg

ALBINGIA
VERSICHERUNGEN

APOTHEKE
HOTEL

Die Königstraße, die vom Hauptbahnhof über den Lorenzerplatz zur Museumsbrücke führt, ist eine der Hauptstraßen der Nürnberger Altstadt, ein Straßenzug, der, im Gegensatz zu allen übrigen in Ost-West-Richtung verlaufenden großen Straßen der Lorenzer Stadtseite mit seiner Nordsüd-Richtung auf einen alten, zur Pegnitz zielenden Verkehrsweg zurückgehen dürfte. Wie nahezu überall innerhalb der Nürnberger Stadtmauer ist auch hier das Neue mit dem Alten eng verschwistert. Wo man in dieser lebendigen Straße auch geht oder steht, ob man einkauft, flaniert oder sich mit den echten Rostbratwürstchen stärkt, die natürlich über offenem Buchenholzkohlenfeuer gebraten werden, immer hat man ein mittelalterliches, unverwechselbar nürnbergisches Bauwerk vor Augen, die Lorenzkirche, den Frauentorturm, die Mauthalle.

Erst nach 1572 als reichsstädtisches Zollamt (Maut) verwendet, wurde dieser großartige Sandsteinbau mit seinem kreuzgratgewölbten Keller und dem hohen, fünfgeschossigen Satteldach, von Hans Beheim d. Ä. 1489 bis 1520 ursprünglich als städtisches Kornhaus errichtet. Es war eines jener elf ›korenhäuser‹, dieser Speicherbauten größten Ausmaßes — die Mauthalle mißt immerhin 85 x 20 x 30 m —, die, wie der sog. Peststadel in der Tetzelgasse, das Unschlitthaus und die Kaiserstallung, vom beginnenden 15. Jahrhundert an vom Rat der Stadt errichtet wurden, um in Kriegszeiten unabhängiger zu sein, vor allem aber auch um den immer wieder vorkommenden Mißernten und Teuerungen, die zu ernsten Hungersnöten führen konnten, begegnen zu können.

Der Rat, der übrigens jeden ›Fürkauf‹, also jeden Zwischenhandel, verbot, der den Getreideeinkauf durch die Bäcker ebenso strengen Kontrollen unterwarf wie das Ausmahlen und die fertige Ware, kaufte in günstigen Zeiten Korn auf, das bei sorgfältiger Lagerung z. T. über extrem lange Zeiträume aufbewahrt wurde. So soll man Kaiser Karl V. 1541 beim Besuch der Kornhäuser 180jähriges, noch verbackbares Getreide überreicht haben. Aus dem 15./16. Jahrhundert wissen wir, daß der Rat nicht nur in Krisenzeiten billiges Korn an die Bäcker gab um die Preise zu stabilisieren. Immer wieder ließ er auch auf eigene Kosten Brot backen, das ohne Gewinn an die ›Gemein‹ abgegeben wurde, zeitweilig mehr als 10 000 Laibe am Tag, wie 1482, wo insgesamt 320 000 Laibe zu $4^1/_2$ Pfund, oder 1540/41, wo 460 000 Laibe verkauft wurden, ohne die Vorräte völlig zu verbrauchen. Die Nürnberger Speicher scheinen eben wirklich unerschöpflich gewesen zu sein!

Die Königstraße mit der Mauthalle, einem der großen ehem. Kornspeicher, und den Türmen von St. Lorenz

›1439 an Simon Judas tag ward der kor angefangen der nach 1477 an dem heiligen oster abent ward er volbracht‹ steht an der Westwand des südlichen Chorseitenschiffes von St. Lorenz. Wie ein dreiviertel Jahrhundert zuvor in St. Sebald war man auch in der zweiten der großen Nürnberger Stadtkirchen daran gegangen, den Chor der hochgotischen, im ausgehenden 13. und 14. Jahrhundert entstandenen Basilika durch einen Neubau zu ersetzen: sinnfälliger Ausdruck des wachsenden Reichtums der Stadt und ihrer Bürger, die den Bau fast ausschließlich durch freiwillige Gaben finanzierten.
Stammt der grundsätzliche Entwurf für diesen Chor-Neubau, der die volle Breite des Langhauses einnimmt und hinter dessen Länge kaum zurückbleibt, von dem Rothenburger Konrad Heinzelmann, so dürfte der Regensburger Dombaumeister Konrad Roritzer, der nach Heinzelmanns Tod 1456 die Bauleitung übernahm, wohl den aufgehenden Bau entscheidend geprägt haben. Er wandelte die Planung Heinzelmanns, die an die Kreuzkirche in Schwäbisch-Gmünd denken läßt, im Sinne einer größeren Weiträumigkeit ab. Zwar blieb es bei der von der Konstruktion her dreischiffigen Halle; die zwischen den gleich hohen Schiffen stehenden, leicht und frei aufstrebenden Pfeiler aber werden nicht mehr als Trennung empfunden, der Raum wird zur lichtdurchfluteten Einheit; die durch die umlaufende Galerie verstärkte Doppelgeschossigkeit schafft einen Übergang zum bestehenden Langhaus, weist aber architektonisch schon in die Zukunft der einsetzenden Renaissance.
Mit dem Netzrippenwerk eines hinreißenden Sterngewölbes schloß sich unter Jakob Grimm (1466—77) dieser wohl großartigste spätgotische Hallenchor Deutschlands, dessen Ausstattung, man denke nur an das Sakramentshaus des Adam Krafft und den Englischen Gruß des Veit Stoß, der Qualität der Architektur ebenbürtig ist.

Der Hallenchor von St. Lorenz gehört in Architektur und Ausstattung zu den großen Schöpfungen der deutschen Spätgotik

Unter den reichen Lorenzer Kunstschätzen nehmen zwei Werke der Bildhauerkunst einen besonderen Rang ein, beide nicht nur Stiftungen Nürnberger Patrizier, sondern auch Schöpfungen zweier Nürnberger Meister der ausgehenden Spätgotik von europäischer Bedeutung: der Englische Gruß des Veit Stoß und das Sakramentshaus des Adam Krafft.
1517 stiftete Anton Tucher zusammen mit einem Leuchter für 55 Kerzen das wohl volkstümlichste Kunstwerk Nürnbergs, den von einem Kranz von Rosen und Rundmedaillons mit den sieben Freuden Mariens umgebenen ›Englischen Gruß‹, den Veit Stoß in 15monatiger Arbeit schuf. In seinem, bei aller plastischen Fülle, dekorativen, nahezu malerischen Reichtum noch ganz der Gotik verhaftet, wird dieses Werk zur Krönung der weiten Halle des Chors von St. Lorenz, für die knapp 1/4 Jahrhundert früher Hans Imhoff d. Ä. das Sakramentshaus arbeiten ließ.
Adam Krafft — im Gegensatz zu dem etwas älteren Veit Stoß zumindest während seiner Meisterjahre niemals außerhalb Nürnbergs tätig — schuf hier, als zweites großes Werk nach dem Schreyerschen Epitaph von St. Sebald, in den Jahren 1493—95 eines der Wunderwerke spätgotischer Steinmetzarbeit, das wohl berühmteste Sakramentshaus überhaupt. Schwerelos scheint der Stein, aufgelöst in einem Gerank von Maßwerk, Pfeilern und Figurengruppen nahezu 20 m zur Höhe des Gewölbes aufzuschießen, getragen von den Gestalten des Meisters und zweier seiner Gehilfen. Mathematisch sichere Konstruktion, dazu der für Krafft so typische monumentale Realismus, der im Spätwerk seiner Kreuzwegstationen nach St. Johannis die reinste Ausprägung erfuhr, verbinden sich hier mit einer von lebendiger Phantasie gespeisten liebevollen Hingabe ans Detail. In den tragenden Figuren, vor allem im Selbstbildnis des Meisters — immer wieder überraschend in der plastischen Funktionsklarheit und Naturtreue verkörpert sich aufs einprägsamste der Geist des Handwerker-Künstlers dieser Umbruchperiode der Zeit um 1500: die dienende Hingabe des mittelalterlichen Handwerkers an sein Werk wie das freie Selbstbewußtsein des Künstlers der beginnenden Renaissance.

Selbstbildnis des Adam Krafft vom Sakramentshaus in St. Lorenz

Denken wir an die übrigen Nürnberger Brunnen, den Hanselbrunnen im Hof des Heilig-Geist-Spitals etwa, oder an den Puttenbrunnen im Rathaushof, das Gänsemännchen oder den Apollo Peter Flötners, so nimmt neben diesen, fast intim wirkenden Arbeiten der Nürnberger Bronzekunst der Tugendbrunnen eine Sonderstellung ein. Ganz dem Hang der damaligen Zeit zu Symbol und Allegorie folgend, schuf Benedikt Wurzelbauer einen sich verjüngenden dreigeschossigen Bronzeaufbau, bekrönt von der Gerechtigkeit, vom Kranich als Sinnbild der Wachsamkeit begleitet. Das strömende Wasser ist nicht mehr auf wenige Ausflüsse beschränkt. Es sprudelt aus den Röhren des Sockels wie aus den Brüsten der weiblichen Figuren von Glaube, Hoffnung, Liebe, Tapferkeit, Mäßigkeit und Geduld auf der unteren Schale und aus den Posaunen der Knaben auf der zweiten Schale, die Nürnberger Wappenschilde halten.

Aufgestellt wurde diese reiche, schon manieristische Arbeit nicht mehr in einem Innenhof, sondern auf dem freien Platz zwischen Lorenzkirche und Nassauer Haus, diesem ursprünglich wohl von einem königlichen Ministerialen bewohnten, im 15. Jahrhundert umgebauten fünfgeschossigen gotischen Turmhaus mit Pyramidendach, reich gestalteter Brüstung und polygonalen Türmchen am obersten Geschoß und einem der schönsten Steinchörlein Nürnbergs an der Ostseite.

Als erster großer Brunnen der Nürnberger Bronzekunst, für dessen reiche Wasserspiele ein besonderes Pumpwerk und der Wasserturm am blauen Stern errichtet wurden, ist der 1584—89 in der ausklingenden Renaissance entstandene Tugendbrunnen zum repräsentativen Schaustück geworden, zum in exponierter Lage aufgestellten Symbol städtischer Größe.

Der 1584—89 von Benedikt Wurzelbauer geschaffene Tugendbrunnen vor der Ostfassade des Nassauer Hauses

MEISTER BOUTIQUE

Erst seit Karolinenstraße und Lorenzerplatz einbezogen sind in das System der Nürnberger Fußgängerzone, erst seit man hier ausruhen und Bratwürste essen kann, flaniert und schaut, kommt die ganze Schönheit der Westfassade von St. Lorenz wieder voll zur Geltung.

Um 1350 entstanden, ist sie eine der reichsten der ganzen deutschen Gotik und ihr Reichtum kommt umso auffallender zur Wirkung, als er eingefaßt wird von der blockhaften Wucht der beiden, in nahezu schmucklosen, rechteckigen Geschossen aufsteigenden Türme. Mächtig, mit stark geschrägtem, figurenreichem Gewände, öffnet sich das spitzbogige Portal, zwischen dessen beiden Türen auf trennendem Pfeiler die Madonna steht. Das hohe Tympanon zeigt in lebendig bewegten Reliefs die wichtigsten Szenen der Heilsgeschichte von der Geburt Christi und der Anbetung der Könige, dem Bethlehemitischen Kindermord und der Flucht nach Ägypten, über die Passion und die Himmelfahrt Christi bis zum Jüngsten Gericht mit den posaunenden Engeln, den auferstehenden Toten, den Seligen und den Verdammten. Darüber, begleitet von Sonne und Mond, das in zwei Ebenen ausgebildete, mehrfach erneuerte Maßwerk der grandiosen Fensterrosette und der sich in Fialen und Fensternischen fast völlig auflösende, von einem Scheiteltürmchen bekrönte Giebel.

Nicht die Betonung der Senkrechten, das gotische Emporstreben der Baumassen setzt hier den wesentlichsten Akzent. Weit bedeutungsvoller ist die malerische Wirkung, das Spiel von Licht und Schatten, das in dieser Fassade vor allem am ganz frühen Nachmittag eine bezaubernde Wirkung erreicht.

Die Vielfalt des Maßwerks und der Reichtum der Figuren machen die Westfassade von St. Lorenz zu einer der bedeutendsten der deutschen Spätgotik

Der sog. Henkerturm, die doppelbogige Überbrückung des nördlichen Pegnitzarmes, und der am Nordufer der Pegnitz gelegene Wasserturm, ein wuchtiger Buckelquaderbau mit zwei vorkragenden Backsteinobergeschossen und Walmdach, gehören zu der 1320—25 entstandenen Verbindung der ursprünglich getrennten Ummauerung von Sebalder und Lorenzer Stadt. Sie bezog auch Pegnitz-Ein- und Ausfluß in die Befestigung mit ein und umgab die Stadt zum ersten Mal mit einem geschlossenen Mauerring.

Der Weinstadel, ein langgestreckter, dreigeschossiger Bau mit steilem Satteldach, steinernem Erdgeschoß, auskragenden Fachwerkobergeschossen und Holzgalerien zum Wasser — übrigens eines der wenigen erhaltenen Beispiele dieser früher allgemein üblichen Verbauung der Wasserfront — wurde dagegen erst 1446—48 errichtet. Nürnbergs ältester öffentlicher Profanbau entstand nicht, wie der Name vermuten läßt, als Speicher, sondern als Leprosenasyl, als ›Sondersiechenhaus‹.

Schon 1394 hatte man ein ›Sondersiechenalmosen‹ gegründet, das es ermöglichte, die ›Sondersiechen‹, die mühsam in den Siechkobeln der Stadt oder als ›Feldsieche‹ außerhalb ihr Leben fristenden Aussätzigen, an drei Tagen der Karwoche mit Speis und Trank zu versehen, sie zu kleiden, für sie Gottesdienst, Beichte und Kommunion zu halten, ihnen ärztlichen Rat zukommen zu lassen. Bei der ständig wachsenden Zahl der alljährlich herbeiströmenden Kranken, die auf weit über 2000 anstieg, wurde jedoch neben der Aussonderung der ›Schönen‹, die Krankheit nur Simulierenden, die Unterbringung zu einem der größten Probleme. So ging man 1446 daran, ein besonderes Siechenhaus zu bauen, nur damit ›die armen je innen wonen die drey tag und nacht‹. Die übrige Zeit des Jahres stand das mit seinen 48 m Länge besonders große Haus mit wenigen Ausnahmen bis ins 16. Jahrhundert leer, bis der Rat die ›Sondersiechenschau‹ nach Johannis verlegte und die Stadt das nun völlig ohne Aufgabe stehende Gebäude als Lager für den auf dem Weinmarkt nicht verkauften oder nicht versteuerten Wein benutzte.

Wasserturm und Weinstadel bilden — obwohl architektonisch keineswegs einheitlich und zu verschiedenen Zeiten entstanden — eines der malerischsten Bilder Nürnbergs

Unterhalb von Schlayerturm und Kettensteg, Deutschlands erster freischwebender Flußbrücke, liegt eine beliebte Nürnberger Gartenwirtschaft

Unter allen Nürnberger Brücken nimmt der sog. Kettensteg als erste freischwebende Flußbrücke Deutschlands eine besondere Stellung ein. Er überspannt als letzte Brücke innerhalb der Stadtmauer den Fluß parallel zu den, durch den mächtigen Schlayerturm (1449) und die Fronveste (1494/95) verstärkten Wehrgängen, mit denen die Befestigung die beiden Arme der Pegnitz an ihrem Ausfluß aus der Stadt quert. Mindestens seit dem 15. Jahrhundert befand sich hier ein sog. Truden- oder Trockensteg, ein überdachter, hölzerner Fußgängersteg, der bis ins 19. Jahrhundert instand gehalten wurde. An seiner Stelle errichtete der Nürnberger Mechaniker Johann Georg Kuppler 1824 in sechsmonatiger Bauzeit jene frei an Ketten hängende Brücke, die lange Zeit als besondere technische Leistung bestaunt, von den Nürnbergern aber gleichzeitig als recht lebensgefährlich angesehen wurde.

1930 veränderte man den Steg durch den Einbau von vier massiven Jochen grundlegend und auch die Wiederherstellung nach 1945 gab diesem einmal technisch höchst interessanten Bauwerk nicht völlig das ursprüngliche Aussehen zurück.

Anders als im Bibliothekswesen – Nürnberg besitzt mit der 1429 begründeten Stadtbibliothek eine der ältesten städtischen Buchsammlungen Deutschlands – blieb eine auf künstlerische und wissenschaftliche Zwecke gerichtete Sammeltätigkeit auch in der Freien Reichsstadt Jahrhunderte hindurch auf private Initiative beschränkt. Derartige Sammlungen galten als Privileg und Statussymbol der Reichen und wie die deutschen Fürsten begannen auch einzelne Nürnberger Patrizier, man denke nur an P. Praun und an die Imhoffs, von der zweiten Hälfte des 16. Jahrhunderts an jene ›Kunst- und Wunderkammern‹ einzurichten, denen die späteren Reiseschriftsteller, allen voran Christoph Gottlieb Murr in seiner 1778 erschienenen ›Beschreibung der vornehmsten Merkwürdigkeiten in des H. R. Reichs freyen Stadt Nürnberg . . .‹ so breiten Raum einräumen.

Erst durch Hans v. Aufseß, dem Nürnberg als lebendiges Beispiel mittelalterlicher Kultur der geeignete Standort für sein 1852 gegründetes Germanisches Nationalmuseum erschien, erhielt die Stadt ihr erstes von der Öffentlichkeit getragenes Museum, in deren Reihe das 1971 eröffnete Spielzeugmuseum vorläufig das jüngste ist. Anders als das Germanische Nationalmuseum, dessen Auftrag nach dem Willen des Gründers die Darstellung der gesamten deutschen Kunst und Kultur ist und das sich zum größten und großartigsten derartigen Museum Deutschlands entwickelte, ist das Spielzeugmuseum einem einzigen, eng mit der Stadt verbundenen und besonders liebenswürdigen Thema gewidmet, dem Spielzeug.

Nürnberg, das alljährlich die Internationale Spielwarenmesse ausrichtet und das bis heute Zentrum des deutschen Spielwarenhandels blieb, war vom 15. Jahrhundert an Mittelpunkt der gewerblichen Produktion und des ausgedehnten Handels mit Spielzeug – in der Magdeburger Schöppenchronik von 1414 ›tant van Nurenberch‹ genannt – der Tonfigürchen (14. Jahrhundert), der Puppen aus Holz und Stoff (17. Jahrhundert), der Zinnfiguren und Bilderbogen, und des sich vom 19. Jahrhundert an mehr und mehr durchsetzenden Blechspielzeugs.

Das wahrscheinlich von Jakob Wolff d. Ä. im 17. Jh. erbaute Patrizierhaus in der Karlstraße beherbergt seit 1971 das auf die Sammlung Lydia Bayer, Würzburg, zurückgehende Spielzeugmuseum

zum
Schusser Boum
N-HR 657

Die Weißgerbergasse kann als eine der typischen, ursprünglich von Handwerkern bewohnten Straßenzüge der Nürnberger Altstadt gelten.
Wie die Vordere und die Hintere Ledergasse auf der Lorenzer Seite der Stadt, die in der Nähe des unteren Fischbaches lagen, waren auch Irrerstraße und Weißgerbergasse, nicht weit vom Ausfluß der Pegnitz auf der Sebalder Seite gelegen, den recht geruchsintensiven Gewerben der Loh- und Weißgerber vorbehalten. Beide Handwerke — in Nürnberg ›Lederer‹ und ›Irrer‹ genannt — benötigten vor allem für die Verarbeitung der Häute, das Wässern, das Entfernen der Fleisch- und Haarreste, das in großen Bottichen in einer mehr oder weniger dicken Brühe aus Kalk, Asche und Wasser vor sich ging, aber auch für das Beizen und die immer wieder notwendige Zwischenreinigung sehr viel fließendes Wasser. Arbeiteten jedoch die Lohgerber am Fischbach mit Eichen- oder Fichtenlohe, um vor allem das widerstandsfähige Sohlleder zu gewinnen, so erzeugten die Sebalder Weißgerber, deren Bottiche noch 1720 von der Nägeleinsmühle bis hin zur Stadtmauer die Pegnitz säumten, und die als Gerbstoff Alaun verwendeten, ein wesentlich geschmeidigeres, weicheres Leder. In beiden Fällen entstanden Produkte, die durchaus annehmbare Preise erzielten: ›stinkende Häut machen reiche Leut‹ wie die Nürnberger sagten.
Der relative Wohlstand dieses Handwerks spricht auch aus den Häusern der Weißgerbergasse, die mit ihrem auf die Obergeschosse beschränkten Fachwerk nicht vor 1600 entstanden sein dürften. Zugleich wird im Schwung dieser Straße, der bei aller Gebundenheit an die mittelalterliche Bauvorschriften doch unerhörten Lebendigkeit der bis auf den Neubau Nr. 12/14 noch ursprünglichen Hausfassaden, etwas spürbar von der inneren Harmonie der damaligen Baukunst, von jener durch die Architektur, die auch im Straßenbild Innenräume schuf, erzeugten Umhegtheit und Geborgenheit, die die mittelalterliche Stadt so menschlich machte.

Die Weißgerbergasse ist ein typisches Beispiel für den ursprünglichen architektonischen Reichtum Nürnberger Altstadtstraßen

Das Nürnberger Patriziat besaß vor allem vom 15. Jahrhundert an in zunehmenden Maß ausgedehnten Landbesitz in der engeren und weiteren Umgebung der Stadt. Die dort entstehenden Herrensitze — in der heutigen Form meist aus dem 16. Jahrhundert — waren ›feste Häuser‹, die in Kriegszeiten dem Rat offen standen. Umgeben von Mauern und wassergefüllten Gräben sind diese turmartigen Sandsteinbauten mit den steilen Satteldächern eine typisch nürnbergische Ausprägung des Landedelsitzes, der sommerlichen Aufenthalten diente.
Die nächste Umgebung der Stadt, das für die Verteidigung notwendige Gebiet vor der Mauer, suchte der Rat lange Zeit von jeder Bebauung frei zu halten. Gärten vor der Stadt sind jedoch schon im 14. Jahrhundert nachweisbar und im 16. Jahrhundert gehörte die Benutzung des ›Gartens und Sommerhäusleins nur zur Ergetzlichkeit‹ zu den Freuden der in der eng gebauten Stadt lebenden Bürger.
Erst im 17. Jahrhundert aber begann die Nürnberger Gartenkultur jenem Höhepunkt zuzustreben, dem Joh. Chr. Volckamer 1708 mit seinem prachtvoll illustrierten Werk ›Nürnbergische Hesperides oder gründliche Beschreibung der edlen Citronat, Citronen und Pomeranzen-Früchte . . .‹ das literarisch-künstlerische Denkmal setzte. Damals gehörte die Zucht exotischer Pflanzen, sie ›schicklich einzusetzen, glücklich fortzubringen, wol zu überwintern und nutzbar zu vermehren‹ wie Volckamer schreibt, ebenso zum Nürnberger Garten, wie die regelmäßige Anlage, die einem ›Programm‹ folgenden steinernen Gartenfiguren und das ›lebendige‹ Wasser der Springbrunnen. Das zur Straße hin stehende U-förmige Hauptgebäude übernahm in den Seitenflügeln die Winterung für Orangen und Zitronen, für Pomeranzen, Feigen und Granatäpfel, und die Gärtnerswohnung. In der vor allem von der Gotik geprägten Stadt wurden die Gärten zu einer eindrucksvollen Domäne des Barock und Rokoko.

Obwohl nicht mehr im ursprünglichen Zustand, läßt der Garten Johannisstraße 13 doch etwas ahnen vom Reiz der Nürnberger Gärten des Barock

Zweimal soll der Legende nach der Besitzer des später so genannten Pilatushauses am Tiergärtnertor im Hl. Land gewesen sein, um dort die Entfernungen zwischen den einzelnen Leidensstationen auf dem Wege Christi vom Haus des Pilatus nach Golgotha abzumessen. In diesen Abständen wurden dann, ausgehend von einem Garten vor dem Tiergärtnertor, die sieben Kreuzwegstationen des Adam Krafft, deren Originale jetzt das Germanische Nationalmuseum bewahrt, auf dem Weg hinaus zum Johannisfriedhof aufgestellt. Dieser kulturgeschichtlich wie künstlerisch bedeutende Friedhof — nur im Rochusfriedhof und in einigen kleinen Friedhöfen der nächsten Umgebung Nürnbergs finden sich ähnliche liegende Sandsteinsarkophage — entstand aus zwei mittelalterlichen Begräbnisplätzen, dem Friedhof des 1234 erstmals genannten Siechkobels St. Johannis und dem 1395 geweihten Pestfriedhof.

Ursprünglich lagen die Friedhöfe mitten in der Stadt um die beiden Hauptkirchen St. Sebald und St. Lorenz, auch fanden z. T. das ganze Mittelalter hindurch Beisetzungen in den Kirchen selbst statt. Doch verbot der Rat während der Pestepidemie von 1505 erstmals jedwedes Begräbnis innerhalb der Stadtmauern, zunächst nur für ›Zeiten eines großen Sterbens‹, um 1518 aber für immer. Der Friedhof in St. Johannis wurde nun zur bis ins 19. Jahrhundert ständig erweiterten Begräbnisstätte des Sebalder Sprengels.

Das Bild dieses außergewöhnlichen Friedhofs wird bestimmt von den liegenden, in Größe und Form durch einen Ratserlaß von 1522 weitgehend einheitlichen, sarkophagartigen Sandsteinplatten mit ihren Bronzeepitaphien, den Inschriften, Wappen und figürlichen Darstellungen, die bis ins 18./19. Jahrhundert das hohe Können der Nürnberger Bronzegießer beweisen. Nur ein einziges Grabmal, das $7^1/_2$ m hohe Müntzersche von 1560, daneben die reich ausgestattete Johanniskirche und die Holzschuherkapelle mit der Krafftschen Grablegung (1507—08) überragen das weite Gräberfeld unter dem glühenden Rot der Geranien, in dem so bedeutende Nürnberger ihre letzte Ruhe fanden wie Albrecht Dürer, Willibald Pirkheimer, Veit Stoß, Peter Flötner, Veit Hirsvogel d. Ä. und d. J., Wenzel Jamnitzer und wahrscheinlich auch Hans Sachs.

Der Johannisfriedhof ist mit seinen sarkophagartigen, mit Bronzeepitaphien geschmückten Sandsteinplatten einer der außergewöhnlichsten und eindrucksvollsten Friedhöfe Deutschlands

Am 14. Juni 1509, 15 Jahre nachdem er sich als Maler selbständig gemacht und geheiratet hatte, erwarb Albrecht Dürer für 275 Gulden die, wie es im Kaufvertrag hieß, ›Eckbehausung unnd Hofrayten allhie zu Nuremberg bey Tiergarttner Tor vornen gegen dem auffganng der Sunnen‹. Das stattliche Anwesen mit dem hohen Steinsockel, den beiden Fachwerkgeschossen und dem Krüppelwalmdach entspricht in seinem heutigen, vielfach restaurierten Zustand sicher nicht völlig dem damaligen Aussehen. Vor allem im Inneren hat sich bis auf die Küche wenig Ursprüngliches bewahrt. Trotzdem ist es jenes Haus, in dem Dürer mit seiner Frau Agnes bis zu seinem Tod lebte; das die Freundschaft und den Gedankenaustausch mit vielen großen Geistern seiner Stadt und seiner Zeit sah; in dem viele seiner berühmtesten Arbeiten entstanden, darunter die kleine Holzschnitt-Passion, die Kupferstich-Passion, die Blätter ›Ritter, Tod und Teufel‹, ›Melancolia I‹ und ›Hieronymus im Gehäus‹, das Gebetbuch Maximilians, die Kohlezeichnung seiner greisen Mutter und die ›Vier Apostel‹, die er dem Rat der Stadt zum Geschenk machte ›auf daß der Anblick der mannhaften Gestalten den weltlichen Regenten Mahnung und Halt in den Wirren der Zeit sei‹.
Gleichzeitig hat sich hier um das Dürerhaus ein mittelalterliches Bauensemble bewahrt, überragt vom mächtigen Neutorturm im Süden, dem Turm des Tiergärtnertors im Westen und der Burg im Norden, mit seinen steilgiebeligen Dächern und den um den Platz gescharten Fachwerkhäusern, wie es nach den Zerstörungen des letzten Krieges auch in Nürnberg einmalig geworden ist.

Der Blick vom Palas der Burg zum Dürerhaus zeigt eines der geschlossensten mittelalterlichen Stadtbilder Nürnbergs

Weißes

Nicht nur der Blick von der Burg nach Süden, zum Dürerhaus und zum Neutorturm, zeigt ein in seiner Geschlossenheit beglückendes Bild der mittelalterlichen Baukunst Nürnbergs. Auch vom Wehrgang am Tiergärtnertor bietet sich nach Norden hin ein Bild von harmonischer Einheit. Mit Fachwerk und steilen Giebeln umstehen die Häuser, darunter das Dürerhaus und das großartige, an die Bedeutung des Nürnberger Plattnerhandwerks erinnernde Pilatushaus, den am Schnittpunkt von Oberer Schmiedgasse, Oberer Krämersgasse, Berg- und Dürerstraße entstehenden Platz, der, vom Verkehr frei gehalten, zum Verweilen einlädt. Steil ragen darüber Sinwellturm, Heidenturm und — wie verwachsen mit dem natürlichen Fels — der Palas der Kaiserburg auf. Enthielt der im 15. und 16. Jahrhundert neu erbaute bzw. erweiterte Palas die Empfangs- und Wohnräume der Kaiser und war der Heidenturm der Chorturm der doppelgeschossigen Burgkapelle, so schirmte der Sinwellturm zusammen mit einer kräftigen Schildmauer diese eigentliche Kaiserburg gegen die östlich gelegene sog. Burggrafenburg ab.

Obwohl damit nur ein Teil der Nürnberger Burg sichtbar ist, hat man doch die wichtigsten Bauten der unter den Staufern entstandenen Kaiserburg vor Augen, jenen um 1138/40 unter Konrad III. errichteten Teil der ausgedehnten Gesamtanlage, der unter Friedrich Barbarossa zur Kaiserpfalz ausgebaut wurde, und der gerade unter den Staufern zu einem Zentrum ritterlich-höfischen Lebens wurde. Nicht nur Friedrich Barbarossa war rund ein Dutzendmal zu mehr oder weniger langen Aufenthalten und feierlichen Hoftagen in Nürnberg; selbst Friedrich II., der die meiste Zeit in Süditalien verbrachte, war 16mal auf der Kaiserburg, sein Sohn Heinrich VII. gar 21mal. Bis ins späte Mittelalter sah die Nürnberger Kaiserburg mehr Hof- und Reichstage als jede andere Burg Deutschlands, sie blieb durch die Jahrhunderte von Bedeutung.

Der Blick vom Wehrgang am Tiergärtnertor zeigt über steilgiebeligen Fachwerkhäusern die wichtigsten Bauten der Kaiserburg

Nichts macht den Blick von der Höhe der Burg über die Altstadt Nürnbergs so unverwechselbar wie die Silhouetten der beiden großen Kirchen St. Sebald und St. Lorenz. Im Äußeren mit dem westlich gelegenen Turmpaar, dem niederen Langhaus und dem gewaltigen Höcker des von einem mächtigen Walm überdachten Chors im Osten, geschwisterlich gleich ragen sie hinaus über das unruhige Gewoge der Dächer.
Beide Kirchen wurden zunächst als frühgotische Basiliken konzipiert und später zu Hallenkirchen erweitert. Bei beiden wurde der Ostchor des ersten Baues durch einen größeren und vor allem wesentlich höheren spätgotischen Chorneubau ersetzt. Trotzdem ist jede der beiden Kirchen von großartiger Eigenständigkeit.
Besitzt die rund ein Menschenalter ältere Sebalduskirche mit ihren qualitätvollen früh- und hochgotischen Portalen im Westen einen schlichten zweiten Chor, so gehört die vom nüchternen Mauerwerk des Turmpaares gerahmte Lorenzer Westfassade zu den reichsten Fassaden der ganzen deutschen Gotik. Gewaltig öffnet sich das Tor; reichster Figurenschmuck füllt Gewände und Bogenfeld; prachtvolles Maßwerk formt die Fensterrose und den in einem Scheiteltürmchen endenden Giebel.
Auch im Inneren, wo in beiden Kirchen der Gegensatz zwischen der Enge des basilikalen Langhauses und der Weite des Hallenchors den ersten Eindruck bestimmt, ist der Unterschied zwischen der älteren Sebalduskirche und der jüngeren Lorenzkirche selbst noch in den beiden Hallenchören spürbar. Anders als in St. Sebald, wo noch alles zur Höhe zielt, gibt in St. Lorenz der ›eckige Stil‹ des späten 15. Jahrhunderts den Ton an; unterstreicht die, durch die umlaufende Galerie betonte Zweigeschossigkeit den noch von der Vertikalen überstimmten, schon in die Zukunft weisenden Zug zur Breitenausdehnung, zur Horizontalen. St. Sebald, auch von der Geschichte her stärker der Tradition verhaftet, ist, wenn man so sagen will, die ›gotischere‹ der beiden großen gotischen Stadtkirchen Nürnbergs.

Die eigenartigen Silhouetten der beiden großen Nürnberger Kirchen geben dem Blick über die Stadt ihren unverwechselbaren Charakter

In den 30er Jahren des 13. Jahrhunderts ging die Bürgerschaft der aufstrebenden Stadt daran, anstelle der dem hl. Petrus geweihten Kapelle auf der südlichen Terrasse des Burgberges, mit der sich vom 11. Jahrhundert an der Kult des Pilgerheiligen Sebald verbunden hatte, eine den neuen Ansprüchen genügende Pfarrkirche nach Bamberger Vorbild zu errichten.

Der mit der Weihe von 1273 abgeschlossene Bau, eine Pfeilerbasilika mit Westtürmen und östlichem Querschiff, mit zwei Krypten und Ost- und Westchor, wurde im 14. Jahrhundert durch die Erweiterung der Seitenschiffe und den Neubau des lichtdurchfluteten Ostchors weitgehend verändert. Erhalten blieb nur das großartige, schluchtartig schmal zur Höhe zielende, noch romanische Anklänge zeigende frühgotische Langhaus, beeindruckend in der Wucht seines Mauerwerks, wie der starken Plastik der gebündelten Dienste und der Gurte und Rippen des Kreuzgewölbes. Auch die von vier eingestellten Säulchen mit sorgfältig gearbeiteten, z. T. figürlichen Kapitellen gebildeten Triforien vertiefen eher den Eindruck kompakter Mauerschwere, als daß sie die Wandfläche im Sinne der Hochgotik auflösen.

Beglückend reich ist auch in St. Sebald der Bestand an Werken der Malerei und Plastik aus dem 13. — 16. Jahrhundert, Zeichen jener lebendigen und aufgeschlossenen, vom Humanismus geprägten geistigen Atmosphäre in der Freien Reichsstadt, in der es den Nürnbergern gelang, das einschneidenste Ereignis des 16. Jahrhunderts, die Reformation, ohne Gewalttat und Bildersturm zu überstehen.

Das Langhaus von St. Sebald wird von einer noch romanische Einflüsse zeigenden Frühgotik geformt

Im 11. und 12. Jahrhundert stand südlich des Nürnberger Burgberges eine Peterskapelle, mit der sich schon bald die Verehrung des hl. Sebald verband. Der Legende nach war der Eremit und Pilger Sebald, ein gebürtiger dänischer Prinz, nach einem wunder- und mildtätigen Leben in der Umgebung Nürnbergs in der St. Martinskapelle (in der Nähe der heutigen Egidienkirche) verschieden. Seinem Wunsch folgend legte man die Leiche auf einen von Ochsen gezogenen Wagen und da das führerlos gehende Gespann an der Peterskapelle halt machte, wurde der fromme Mann dort begraben.

1361—79 wurde der Ostchor des im 13. Jahrhundert entstandenen Gotteshauses — der hl. Petrus war als Namenspatron bereits verdrängt — durch den mächtigen Hallenchor ersetzt, der in so großartiger Weise den Blick nach Osten in der Sebalduskirche bestimmt. Hier sollte der inzwischen heiliggesprochene Sebald eine würdige Ruhestätte finden. 1391 öffnete man das Grab und sammelte seine Gebeine, zu deren Aufnahme der Goldschmiedemeister F. Habeltzheimer das Äußere des großen Eichensarges fertigte, eine reiche Arbeit aus Silber und vergoldetem Kupfer.

1507 erhielt die Vischersche Gießhütte — Peter Vischer d. Ä. hatte schon 1488 einen ersten Entwurf gefertigt — endgültig den Auftrag ›daß gehäusz zu den heiligen himmelsfürsten sant Sebolten sarch‹ zu machen. Ein recht bedeutender Auftrag, wenn man bedenkt, daß sich allein die Kosten für das verbrauchte Metall (Messing) auf 3145 Gulden beliefen, daß aber Adam Krafft für sein Sakramentshaus in St. Lorenz 700 Gulden erhielt und ein als Ehrengeschenk gedachter Mantel, wie Hans Imhof in seinem Geheimbüchlein vermerkt, 6 Gulden, 2 Schilling und 6 Heller kostete. Ergebnis dieses Auftrages, an dessen Ausführung neben Peter Vischer d. Ä. und Hermann d. J. vor allem Peter d. J. maßgeblich beteiligt war, war das wohl bedeutendste Werk der deutschen Gießkunst, ein großartiger, auf 12 Schnecken ruhender Aufbau, überquellend reich an figürlichen Details, schon ganz erfüllt von den Ideen und Vorstellungen der Renaissance.

Die Ecke mit dem sitzenden Simson läßt erkennen mit welcher Liebe zum Detail das Sebaldusgrab gestaltet wurde, dieses 1508—19 entstandene Hauptwerk der deutschen Gießkunst

OMNIA HABENT ORTVS
CREMENTA SED ECCE
QVEM CERNIS NVNQVAM BOS
HIC VITVLVS

Seit dem 9. Februar 1599 sitzt der ›Zuschauer an der Pegnitz‹, wie der liegende Ochse an der Fleischbrücke im 19. Jahrhundert genannt wurde, über dem Portal, das einst zum Fleischhaus führte. Seine lateinische Inschrift ›Alles hat einen Ursprung und ein Wachstum, aber der Ochse, den du hier siehst, ist niemals ein Kalb gewesen‹, war durch die Jahrhunderte Anlaß zu mancherlei Spötteleien und Spitzfindigkeiten. Das über 30 Zentner schwere Steinbildwerk wurde aufgestellt, nachdem die Stadt 1596 — 98 unter der Leitung des Stadtbaumeisters Jakob Wolff d. Ä. anstelle einer Steinbrücke des 15. Jahrhunderts den viel bewunderten, noch heute bestehenden Neubau hatte errichten lassen (Entwurf Peter Carl), eine Brücke mit nur einem flachgeführten, weitgespannten Bogen nach dem Vorbild des Ponte Rialto in Venedig.

Die Gegend nördlich der Fleischbrücke diente seit alters den Metzgern zum Verkauf ihrer Ware. Schon 1298 werden in einer Urkunde Fleischbänke erwähnt, die rechts des Weges, der vom Herrenmarkt zum Wasser führte, lagen. Anstelle dieser sicher sehr einfachen, wohl hölzernen Verkaufsbuden, entstand das sog. Alte Fleischhaus, das in der 2. Hälfte des 16. Jahrhunderts durch einen Neubau mit geräumiger Verkaufshalle ersetzt wurde. Anschließend an das Fleischhaus, mit diesem durch einen Steg verbunden, lag bis 1891 das ›gemeine Schlachthaus‹, ein längs des Pegnitzufers auf Pfählen über dem Wasser errichteter Holzbau, wie er auf dem Stich von Lorenz Strauch (S. 17) deutlich zu sehen ist. Er war nötig geworden, nachdem vom 14. Jahrhundert an das Vieh nicht mehr auf der Straße geschlachtet werden durfte, sondern nur mehr ›auf der schlahebrugken‹.

Die Vorschriften des Rats der Stadt beschränkten sich aber nicht nur auf derartige Verfügungen. Von Anfang an wurde auch der Verkauf an den Fleischbänken überwacht. Schon die älteste Stadtordnung spricht neben der Aufsicht über Brot, Wein, Bier usw. auch von den ›Meistern über das Fleisch‹, die nicht nur die Preise, sondern auch die Qualität und die Einhaltung des Gebots ohne Zwischenhandel direkt vom Bauern zu kaufen, scharf kontrollierten, eine Aufgabe, die für so wichtig erachtet wurde, daß sie im 16./17. Jahrhundert von den Patriziern übernommen wurde, von den ›deputierten Herren zum Ochsen- und Unschlittamt, zu den Metzgern, zu den Fleischbänken‹.

Das reiche Sandsteinportal mit dem liegenden Ochsen bildete einst den Eingang zum Fleischhaus (16. Jh.), der Markthalle der Metzger

Der Reichtum, über den der Stifter des Heilig-Geist-Spitals, der aus dem Geschlecht der Heinzen stammende Kaufmann Konrad Groß verfügte, war so beträchtlich, die Ausstattung seiner Stiftung so außergewöhnlich, daß sich um beides Legenden rankten. Der Sage nach soll Konrad, genannt der ›grindige Heinzen‹, auf Grund eines Traumes und nachdem er gelobt hatte für die Armen und Kranken zu sorgen, in seinem Garten jenen unermeßlichen Schatz gefunden haben, der die Namensänderung in ›Groß‹ mit sich brachte und die wohl bedeutendste unter den wohltätigen Nürnberger Stiftungen ermöglichte.

Tatsache ist, daß Konrad Groß, bei dem mehr als einmal die deutschen Kaiser abstiegen, der Nürnberger Schultheiß und Münzmeister war, als er daran ging, ›himmlisches Gut um weltliches einzutauschen‹, wie es in der Stiftungsurkunde heißt, sein ›Neues‹ Spital zum Hl. Geist wahrhaft fürstlich ausstattete. Das Spital erhielt neben umfangreichen Liegenschaften außerhalb der Stadt — es bezog Abgaben von 1691 Bauernhöfen in 157 Orten — eine eigene Kirche und einen eigenen Friedhof. Außer dem umfangreichen Personal zum allgemeinen Unterhalt der Stiftung und zur Pflege der Kranken sorgten 6 Priester für das Wohl der Insassen; ein eigener Magister bildete die 12 Chorschüler aus, die beim Gottesdienst zu singen hatten.

Der auf einer von Burggraf Friedrich IV. zur Verfügung gestellten Wiese zwischen ›Möler Thor und Pegnitz‹ entstehende Bau war zunächst für 100 kranke oder arbeitsunfähige alte Bürger der Stadt gedacht, deren umfangreiche Rechte die Stiftungsurkunde von 1339 bis ins Detail festlegte. Nach 1489 kam es zu Erweiterungen, 1511—27 nach Plänen von Hans Beheim d. Ä. zu Neubauten, die mit ›Sude‹ und ›Bau‹ nach mühsamen Fundierungsarbeiten im sumpfigen Gelände des Pegnitzufers den Fluß überbrückten. Der von Arkaden umgebene Innenhof, in dem nun die Kreuzigungsgruppe des Adam Krafft und die Hochgräber von Konrad Groß und Herdegen Valzner aufgestellt sind, ist der in seiner Weiträumigkeit wohl außergewöhnlichste unter allen Nürnberger Höfen.

Die sog. ›Sude‹ gehört zu den 1511—27 nach Plänen von Hans Beheim d. Ä. aufgeführten Bauten des Heilig-Geist-Spitals

Der fröhliche Schalmeibläser in der Tracht des ausgehenden 14. Jahrhunderts mit enganliegendem Wams und Schnabelschuhen, der unter schmiedeeiserner Renaissancelaube im kleinen Hof des Heilig-Geist-Spitals sitzt, ist ein besonders liebenswürdiges Denkmal der Nürnberger Bronzebildnerei, die in Deutschland zeitweilig an führender Stelle stand. War für die Entwicklung der Technik zunächst vor allem der Glockenguß und der weithin angesehene Büchsenguß von Bedeutung, so gingen von der etwa ein halbes Jahrhundert nach dem Entstehen des ›Hansel‹ von Hermann Vischer d. Ä. gegründeten Gießhütte zwischen Spätgotik und Renaissance auch entscheidende künstlerische Impulse aus: rund hundert Jahre standen ihre Arbeiten in technischer wie in künstlerischer Hinsicht auf einsamer Höhe. Dabei entstanden in dieser Hütte neben dem bedeutendsten Metallguß der gesamten deutschen Kunst, dem für St. Sebald in Nürnberg geschaffenen Sebaldusgrab, und einigen Figuren des Innsbrucker Maximiliansgrabes zahlreiche Epitaphien und Kleinplastiken, Medaillen und Plaketten.

Dem Guß von Brunnenfiguren aber blieb die Nürnberger Bronzekunst, die zeitweilig die Bildhauerei in Stein und Holz in der Stadt fast völlig verdrängte, auch weiterhin treu. Die Vischersche Hütte goß den bogenschießenden Apoll für den nun im Pellerhof aufgestellten Brunnen Peter Flötners; Pankraz Labenwolf schuf neben dem zierlichen Puttenbrunnen im Rathaushof auch das ›Gänsemännchen‹, die Figur eines besonderen volkstümlichen Nürnberger Brunnens; Benedikt Wurzelbauer seinen Tugendbrunnen; Georg Schweigger den imposanten Neptunbrunnen, dessen Original die Stadt 1796 nach Schloß Peterhof bei Leningrad verkaufte.

Die Figur des Schalmeibläsers vom sog. Hanselbrunnen im kleinen Hof des Heilig-Geist-Spitals ist das früheste erhaltene Werk der Nürnberger Bronzekunst

Der Blick über zwei der schönsten Nürnberger Brücken, die Museumsbrücke und die Fleischbrücke, zeigt besonders deutlich den Nürnberger Versuch, die Reihe der 1945 zerstörten, ursprünglich z. T. bemalten und mit Holzgalerien sich zum Wasser öffnenden Häuser (siehe Stich S. 35) durch eine einfühlsame moderne Bebauung zu ersetzen.
Anders als die Häuser blieben die Brücken weitgehend unverändert. Es spricht für die Lebendigkeit und Bedeutung der Freien Reichsstadt im 15. Jahrhundert, daß die heutigen großen Nürnberger Brücken nicht nur zu dieser Zeit schon bestanden, sondern daß sie auch nur z. T. für den modernen Verkehr verbreitert werden mußten, ja daß damals neben den großen Brücken auch noch acht reine Fußgängerstege von der Art des Henkerstegs in Benützung waren.
Die ersten Brücken, die das ›oppidum‹ St. Sebald mit der ›civitas‹ St. Lorenz verbanden — erst 1245 wird Nürnberg ja als ›universitas civium‹ bezeichnet — waren aus Holz. Noch 1451 führte man die sog. ›lange Brücke‹, die jetzige Karlsbrücke, wieder als gedeckte Holzbrücke auf und auch die Fleischbrücke wurde 1479 wieder aus Holz errichtet, obwohl Jakob Grimm schon mehr als 20 Jahre vorher mit der jetzigen Maximiliansbrücke die erste Nürnberger Steinbrücke gebaut hatte.
Wenig später aber ging der Rat der Stadt daran, innerhalb weniger Jahre die meisten der Nürnberger Brücken doch in Stein aufführen zu lassen: 1484 die Barfüßer- (jetzt Museums-)brücke, 1485 Spital- und Heubrücke, 1487 die Fleischbrücke. Erst zu Beginn des 18. Jahrhunderts kam es — die Fleischbrücke, die schon 1596 — 98 neu errichtet wurde und mit ihrem einzigen, weit gespannten Bogen lange als technisches Wunderwerk galt, ist eine Ausnahme — zu Neubauten. Damals entstand die 1945 erneuerte Museumsbrücke mit ihren kanzelartigen, an Kaiser Leopold I. und König Joseph I. erinnernden Denkmalaufbauten, es verschwanden auch beim Neubau der Karlsbrücke die ›Krämen‹, jene kleinen, mit den Buchstaben des Alphabets gekennzeichneten Kramläden, die dem südlichen Teil dieser beide Arme der Pegnitz querenden Brücke den Namen ABC-Brücke eingetragen hatten.

Blick über die Pegnitz mit Museums- und Fleischbrücke

Bis in die 2. Hälfte des 19. Jahrhunderts wird in Nürnberger Kalendern der Neujahrsmarkt, nicht aber der Christkindlesmarkt aufgeführt. Auch ›Des jüngeren Wilhelm Denkers Haus-Calender für seine lieben Nachbarsleute im Schalt Jahr 1792‹, der im Verlag Ernst Christoph Grattenauer in Nürnberg erschien und in seinem ausführlichen ›Verzeichnis der fürnehmsten Messen und Jahrmärkte in Franken und anderen nahen Orten‹ 69 in der Weihnachtszeit zwischen dem 11. November und dem 6. Januar abgehaltene Märkte anführt, erwähnt für Nürnberg nur einen Dreikönigsmarkt. Dabei läßt sich der ›Kindleinsmarkt‹, der wahrscheinlich durch Zusammenlegung zweier Kirchweihmärkte, des Nikolausmarkts bei St. Lorenz und des Thomasmarkts bei St. Elisabeth entstand, bereits im 17. Jahrhundert nachweisen. Schon 1653 notiert der Ratsherr und Patrizier G. Chr. Behaim in seinem Haushaltungsbuch Ausgaben, die er für das ›Kindbescheren auf dem ›Kindleinsmarkt‹ machte, und Joh. Chr. Wagenseil beschreibt 1697 dessen Abhaltung auf dem Hauptmarkt in einer Form, die etwa der heutigen entspricht. Schon immer dürfte in den Holzbuden, die den Advent hindurch die üblichen Marktstände vom Platz zwischen Frauenkirche und Schönen Brunnen verdrängen, vor allem Kinderspielzeug und Eßbares, die berühmten Nürnberger Lebkuchen und Eierzucker verkauft worden sein.

Heute gehört der Christkindlesmarkt, der zeitweilig auf die Insel Schütt und auf den Platz vor der Landesgewerbeanstalt verbannt worden war und erst in den 30er Jahren unseres Jahrhunderts wieder auf den angestammten Platz vor der Fassade der Frauenkirche zurückkehrte, diese um die Krippe gescharte Budenstadt voll Zwetschgenmännern und glitzerndem Christbaumschmuck, Spielzeug und Kunsthandwerk, mit ihrem Lichterglanz und dem Duft von Lebkuchen, gebrannten Mandeln und Rostbratwürsten zum Zauber der Nürnberger Vorweihnachtszeit.

Der Nürnberger Christkindlesmarkt vor der Fassade der Frauenkirche ist der wohl stimmungsvollste Weihnachtsmarkt Deutschlands

Der Hauptmarkt, jetzt der größte Platz innerhalb Nürnbergs Altstadt, gehört nicht zu den ursprünglich vorhandenen Plätzen. Im frühen Mittelalter lag hier im Mittelpunkt des Stadtgebiets das Wohnviertel der Juden; vom Rathaus zur Fleischbrücke führte nur eine schmale Straße.
1349 erwirkte der Rat der Stadt von Kaiser Karl IV. einen Erlaß, der den Nürnbergern gestattete, ›da in der Stadt kein großer Platz vorhanden wäre‹, wo die Leute ohne Gedränge kaufen und verkaufen könnten, alle Judenhäuser, die zwischen ›Franz des Hallers und Fritzen des Behaims Häusern‹ gelegen seien, abzubrechen und daraus zwei Plätze zu machen, auf denen auf ewige Zeiten kein Haus gebaut werden dürfe. Anstelle der Synagoge sollte eine zu ›ere vnser frawen‹ erbaute Marienkirche treten.
Verbunden mit der getreulichen Erfüllung dieser kaiserlichen Verfügung war ein Ereignis, von dem Ulman Stromer, ein Neffe jenes Ulrich Stromer, der im Auftrag der Stadt in Prag beim Kaiser den Erlaß erwirkte, recht knapp berichtet, daß am St. Niklasabend, am 5. Dezember 1349, die Juden verbrannt worden seien. Nicht überliefert ist, trotz der sonst recht genauen Aufschreibungen der Stadt, wie viele Juden sich durch rechtzeitige Flucht retten konnten. Obwohl es sich um ein spontanes Ereignis im Anschluß an die Niederlegung der Judenhäuser gehandelt zu haben scheint, dürfte dieser Ausbruch des Volkszorns vom Rat voraussehbar gewesen, wenn auch nicht ungern gesehen worden sein; zu gefährlich erschien die Stimmung in der Stadt, die schon 1348 zu offenem Aufruhr, damals gegen den Rat, geführt hatte.
Nürnberg gewann dadurch zwei Plätze, den weiträumigen Hauptmarkt und den kleineren Obstmarkt, zwischen denen 1349—58 die hochgotische Frauenkirche errichtet wurde. Vor allem der Hauptmarkt diente nicht nur — wie auch heute noch — als Marktplatz. Er war auch Schauplatz zahlreicher Festlichkeiten wie der seit 1424 stattfindenden ›Heiltumsweisung‹, bei der die in Nürnberg aufbewahrten Reichskleinodien alljährlich öffentlich gezeigt wurden; der ›Gesellenstechen‹ und Turniere zwischen Patriziern und den Adeligen, die mit den Reichstagen in die Stadt kamen; dem seit dem 17. Jahrhundert üblich gewordenen ›Kindleinsmarkt‹.

Vor der reichen spätgotischen Fassade der Frauenkirche findet Nürnbergs beliebter Obst- und Gemüsemarkt statt

Brotkorre
Holland
Dole

Bis ins 14. Jahrhundert besaß die Stadt kein eigenes Rathaus. Der Rat trat in dem in der Tuchgasse hinter dem Judenviertel gelegenen Haus der Tuchmacher, einem der damals angesehensten Gewerbe, zusammen, das in Urkunden wechselweise als ›Gewandhaus‹, als ›Haus‹ oder als ›der Bürger Haus‹ bezeichnet wird. Erst nachdem sich die beiden Stadthälften um St. Sebald und St. Lorenz zur ›universitas civium‹ zusammengeschlossen hatten und durch eine gemeinsame Mauer verbunden waren, erwarb der Rat in den 30er Jahren des 14. Jahrhunderts ein dem Kloster Heilsbronn gehörendes Anwesen am damaligen Salzmarkt gegenüber dem Ostchor von St. Sebald. Auf diesem, später durch weitere Hauskäufe vergrößerten Areal enstand jene umfangreiche, zwei Innenhöfe umschließende Gebäudegruppe aus Gotik, Spätgotik und Renaissance, die wir heute vor uns haben.

Ältester Teil ist der 1332 — 40 entstandene Saalbau mit seinem gestaffelten Ziergiebel, an den sich nördlich der letzte Spätgotik verkörpernde sog. Ratsstubenbau anschließt, den Hans Beheim d. Ä. 1514 — 15 errichtete. 100 Jahre später entschloß man sich im Vollgefühl reichsstädtischen Selbstbewußtseins zum Neubau, zu einem ›italienischen Palast‹. Daß der Bau, den der jüngere Jakob Wolff als Vierflügelanlage plante, dann doch nicht ganz so italienisch geriet, ist wohl dem Ingenium Nürnbergs zu danken. Denn obwohl in diesem langgestreckten, dreigeschossigen Monumentalbau mit den schweren Gesimsen, in dessen Obergeschossen sich je 36 Fenster reihen, die Horizontale zum ersten Mal eine in der Nürnberger Baugeschichte sonst unbekannte, beherrschende Rolle spielt, kehrt die Dachregion mit den in Italien völlig undenkbaren Zwerchhäusern wieder zur Senkrechten zurück. Das neue Rathaus wurde damit zu einer in seiner Einschmelzung von Renaissanceelementen selbst als Torso großartigen Bereicherung der Nürnberger Architektur.

Die Westfront des 1616—22 von Jakob Wolff d. J. errichteten Rathauses gehört zu den überraschendsten architektonischen Eindrücken der Stadt

Das ganze Mittelalter hindurch bevorzugten die Nürnberger, der hochentwickelten Gießereikunst entsprechend, für ihre Brunnen die Bronze. Die großartige Ausnahme macht der ›Schöne Brunnen‹, mit dessen Planung man, möglicherweise auf Anregung Kaiser Karls IV. bereits um 1370 begann. Ein Meister mit Prager Schulung, möglicherweise ein Parler, da als ›Heinrich Beheim parlir‹ genannt, errichtete 1385 — 96 jene, schon von Hans Rosenplüt in seinem Lobgedicht auf die Stadt als eines der Kleinodien gerühmte, 19 m hohe, achtseitige Steinpyramide, die in vier Stufen aus dem oktogonalen Brunnenbecken aufsteigt. Vierzig Figuren — die freien Künste und die Philosophie; die Kirchenväter und Evangelisten; die Kurfürsten und die jüdischen, heidnischen und christlichen Helden; Moses und die Propheten — schmücken das mit Strebepfeilern und -bögen, mit Fialen, Baldachinen, Maßwerk, Krabben und Kreuzblumen zur Höhe strebende, bemalte und vergoldete gotische Bauwerk.
Obwohl der Brunnen, wie es scheint, schon im 15. Jahrhundert von einem Gitter umgeben war, da Endres Tucher berichtet, er habe bei Festlichkeiten 2 — 3 Männer bestellt, die durch Wassergüsse die Schaulustigen davon abhalten mußten, das Gitter zu erklettern und zu beschädigen, stammt das kunstvolle jetzige Schmiedeeisengitter mit dem Handwerkszeichen des eingeschmiedeten, sich frei drehenden ›Goldenen Rings‹ von dem Augsburger Schlosser Paulus Kuhn, der es 1587 ›künstlicher als ihm angedient worden‹ fertigte. Auch der Brunnen selbst enthält, immer wieder erneuert, in seiner heutigen Form keinen originalen Stein. Doch bewahrt die Kopie von 1897 — 1902, wie alte Ansichten und die z. T. stark verwitterten Figuren im Germanischen Nationalmuseum beweisen, im ganzen wie im einzelnen das ursprüngliche Aussehen.
Nicht in der Mitte des Platzes, sondern in städtebaulich glücklichster Position an der nordwestlichen Ecke des Hauptmarktes gelegen, ist der Schöne Brunnen einer der Hauptanziehungspunkte der Stadt und eine der großen Schöpfungen gotischer Brunnenbaukunst geblieben.

Buntes Markttreiben umgibt auch die prachtvolle steinerne Pyramide des Schönen Brunnens

Das großartigste Nürnberger Bürgerhaus der Renaissance, das ehem. Pellerhaus am Egidienplatz, wurde nicht für einen geborenen Nürnberger erbaut. Martin Peller war aus Schwaben nach Nürnberg gekommen und 1581 als einfacher Handlungsdiener bei Bartholomäus Viatis eingetreten, jenem Venetianer, der es innerhalb von 30 Jahren vom mittellosen Jungen zum reichsten Kaufherren der Freien Reichsstadt gebracht hatte.

Die Verbindung der beiden kongenialen Handelsleute — Peller war sehr bald wichtigster Mitarbeiter, wurde 1590 Schwiegersohn, 1591 Mitinhaber — machte das Handelsunternehmen Viatis und Peller zu einem der bedeutendsten seiner Zeit. Ohne Geld- und Spekulationsgeschäfte, allein durch den völlig durchorganisierten Warenaustausch zwischen Venedig, Nürnberg und dem Norden und Osten, gelang es den beiden außergewöhnlichen Reichtum zu erwirtschaften.

Kein Wunder, daß das Haus, das sich Peller an der exponiertesten, den ganzen Egidienplatz beherrschenden Stelle errichten lassen wollte, den Rahmen der üblichen Nürnberger Architektur sprengte. Der Rat der Stadt, für den Peller wie Viatis ›nicht ratsfähige‹ Außenseiter blieben, trotz ihres Reichtums letztlich nicht gesellschaftsfähig, sah in diesem Plan jenes Auftrumpfen, als das es u. a. wohl auch gedacht war, und versuchte die prunkvolle Fassade zu verhindern. Der prächtige, ›unnürnbergische‹ Bau nach den Plänen von Jakob Wolff d. Ä. entstand 1602 — 05 trotzdem. 1605 — 07 folgte ein nun doch nürnbergisch inspirierter Innenhof, den Matthes Herdegen unter Verwendung älteren Baubestandes errichtete.

Im Gegensatz zu vielen anderen Nürnberger Bauten, die wiederaufgebaut wurden, blieb der Hof des Pellerhauses nach der Zerstörung von 1945 eine Ruine, ein schwacher Abglanz dessen, was dieses Haus in seiner glücklichen Synthese von nördlicher und südlicher Formensprache einmal zu einem Höhepunkt der deutschen Spätrenaissance machte.

Der Apollobrunnen Peter Flötners im Arkadenhof des Pellerhauses

Das in der Burgstraße gelegene Fembohaus ist das einzige erhaltene repräsentative Bürgerhaus Nürnbergs. Es wurde 1591—96 im Auftrag des niederländischen Kaufmanns Philipp van Oyrl errichtet, war zeitweilig Sitz des bedeutenden Homannschen Landkartenverlages, gehörte dann der Familie Fembo und ging 1928 in den Besitz der Stadt über, der es nun als idealer Rahmen für das Stadtmuseum dient.
Im Gegensatz zu dem großenteils zerstörten Pellerhaus und zu dem vollständig vernichteten Toplerhaus, die ebenfalls in den Jahrzehnten um 1600 entstanden, bleibt das Fembohaus völlig im Rahmen Nürnberger Baugepflogenheiten. Typisch nürnbergisch ist nicht nur der Grundriß mit um einen langgestreckten Innenhof gruppiertem Vorder-, Flügel- und Rückgebäude, sondern auch die glatte Strenge der viergeschossigen Sandsteinfassaden, die nur im Chörlein eine Auflockerung erfahren. Immerhin ermöglichte die hier weit ausspringende Flucht der Häuser, die das Fembohaus mitten in der zur Burg ansteigenden Straße zum Eckhaus macht, eine größere Gestaltungsfreiheit, die, auch hierin nürnbergisch, sich vor allem der Dachregion mit Ziererkern und reichem Volutengiebel bemächtigte.
Hat man im Rückgebäude z. T. geborgene Ausstattungen vernichteter Patrizierhäuser eingebaut, darunter den berühmten Hirschvogelsaal Peter Flötners, so bewahrt das Vorderhaus großenteils die eigene ursprüngliche Innenausstattung: die zarte Stuckornamentierung (1734/35) von Donatus Polli im ersten Obergeschoß; den um 1600 entstandenen prachtvollen ›Großen Familiensaal‹; die in ihrer starken Plastik in Nürnberg höchst überraschende Stuckdecke (1674) des Italieners Carlo Brentano im 2. Obergeschoß.
Fortuna, auf der höchsten Giebelspitze des Hauses auf einer Kugel balancierend, scheint diesen bedeutenden Bau der Nürnberger Renaissance nicht nur vor den Umgestaltungen des 19. Jahrhunderts, sondern auch im Inferno des 2. Weltkrieges in beglückender Weise bewahrt zu haben.

Der Große **Familiensaal** wurde um 1600 als repräsentativer Hauptwohnraum des späteren Fembohauses eingerichtet

Die Nürnberger Burgkapelle entstand sicher im Zuge des Ausbaues der Burg gegen 1170/80 unter Friedrich I. Barbarossa. Wie dabei nicht nur die bestehenden konradinischen Bauten, der bedeutend tiefer gelegene Heidenturm und der Palas, in den Neubau integriert, sondern auch die neuen künstlerischen und repräsentativen Forderungen des Kaisertums erfüllt wurden, macht die Nürnberger Burgkapelle zu einem Sonderfall unter den nicht gerade seltenen Doppelkapellen der damaligen Zeit.
Der Heidenturm wurde als Chorturm in die Neugestaltung einbezogen, die Verbindung zwischen Palas und Kapelle durch ein asymmetrisches Zwischenjoch geschaffen. So entstand gleichzeitig Raum für die nur der kaiserlichen Familie vorbehaltene Westempore, durch die die Nürnberger Burgkapelle auch von der liturgischen Funktion her zu einem Sonderfall wird. In einer Übersteigerung des Herrschaftsgedankens, der Grundlage aller derartigen Doppelkapellen, kommt es hier zu einer Dreiteilung, in der die Unterkapelle der niederen Gefolgschaft, die Oberkapelle dem Hofstaat, die Empore dem Kaiser bestimmt waren.
Die künstlerisch großartige Differenzierung zwischen den beiden, von je vier Stützen getragenen und durch das geöffnete Mitteljoch verbundenen Kapellenräumen, der Schwere der fast kryptenartigen Unter- oder Margarethenkapelle und der Leichtigkeit der Ober- oder Kaiserkapelle wird durch die dekorative Plastik, durch Flechtbänder, Akanthus und Palmetten an Kapitellen, Deckplatten und Archivolten wieder zu einer Einheit verschmolzen, die auch die importierten Marmorsäulen der Kaiserkapelle mit ihren schon gotischen Kapitellen mit einbezieht.
Jene erstaunliche, künstlerisch wie architektonisch grandiose Lösung, mit der sich diese Doppelkapelle nicht nur den örtlichen Gegebenheiten anpaßt, sondern sich trotz aller Gebundenheit frei entfaltet, wie die Qualität der wahrscheinlich von einem Meister des Regensburger Umkreises geschaffenen Bauplastik, machen diesen Raum nicht nur zum bedeutendsten Baudenkmal der Nürnberger Burg, sondern auch zu einer singulären Schöpfung staufischer Baukunst.

Die um 1170/80 entstandene Doppelkapelle, von der unser Bild den oberen Kapellenraum mit der Kaiserempore zeigt, ist das kunstgeschichtlich bedeutendste Baudenkmal der Nürnberger Burg

Das heute so idyllisch anmutende Bild beim sog. Hexenhäusl, dem kleinen, aus dem 16./17. Jahrhundert stammenden Fachwerkbau des Torwärterhäuschens am Vestnertor, läßt fast vergessen, mit welch enormen Anstrengungen die Stadt gerade hier im Norden und Westen der Burg im 16. Jahrhundert daran ging, die Befestigung zu verstärken.

Schon in den 20er Jahren hatte der Rat die beiden Stadtbaumeister Paulus und Hans Beheim nach Augsburg und Oberitalien entsandt, um dort die neue Fortifikationslehre zu studieren. Für die wichtigste Unternehmung, die Abschirmung der durch die neuen Feuerwaffen besonders gefährdeten hochgelegenen Kaiserburg, berief man jedoch Messer Antonio Fazuni, der in ›kayserlichen diensten bauangeber und zurichter‹, zuletzt aber in den Niederlanden tätig gewesen war, einen ›sunder künstner und bauverständigen mann‹. Unter seiner Leitung enstanden 1538 — 45 jene drei fünfeckigen Bastionen, Tiergärtnertor-, Vestnertor- und die dominierende Burgbastion, die zu ihrer Zeit weithin sensationelles Aufsehen erregten und noch heute in ihrer nüchternen Großartigkeit beeindrucken.

Die Zugänge zu den beiden Toren, dem Tiergärtnertor im Westen und dem Vestnertor im Norden, wurden gekrümmt durch die Flankenbastionen geführt und damit jedem direktem Beschuß entzogen. Gerade beim Vestnertor, dem äußeren Burgaufgang, wo nicht nur die gewölbte, bogenförmig geführte Poterne erhalten ist, sondern auch die geschwungene, ursprünglich allerdings noch durch zwei Schlagaufzüge gesicherte Holzbrücke, ist der damalige Zustand besonders leicht vorstellbar, hat man doch gleichzeitig auch den Blick nach rechts auf die gewaltige Burgbastion; nach links, vorbei an der steil aus dem Graben aufsteigenden Vestnertorbastei zu jenem Mauerstück, wo Eppelein von Gailingen in seinem sagenhaften Sprung über den Graben setzte, zum Fünfeckigen Turm, zur Kaiserstallung und zum Luginsland.

Das ›Hexenhäusl‹ am Aufgang zum Vestnertor war ursprünglich Behausung des dortigen Torwärters

DOSE

tliche und kulturelle Entwicklung

Entstehung der Stadt auf dem an und für sich wenig frucht-
boden der zum größten Teil von Waldungen bedeckten Ebene
gnitz dürfte die Burg gewesen sein, die wohl schon vor der
1. Jahrhunderts auf dem Sandsteinrücken nördlich des Flusses
glich bayerischem Siedlungsgebiet bestand. Sie mußte gerade
Heinrich III. wichtig werden, der versuchte, die großen Gebiets-
der Krone durch die Bistumsgründung Heinrichs II. entstan-
wieder auszugleichen und sich wenigstens das zwischen den
der Bischöfe von Bamberg und Eichstätt verbliebene Land
zu sichern. Anläßlich eines Hoflagers, das er 1050 ›auf
nd und Boden‹, wie es in den Annalen heißt, hier abhielt,
berc‹ in einer Urkunde, mit der der Kaiser am 16. Juli die
der Leibeigenen Sigena verfügte, erstmals namentlich genannt.

›felsigen Berg‹ entwickelte sich im Schutz der Burg außer-
sch, noch gefördert durch die um 1070 einsetzenden, die
thin bekannt machenden Wallfahrten zu den Gebeinen eines
skapelle beigesetzten Heiligen, des Hl. Sebald. Noch unter
erhielt der Ort Marktrechte. Er dehnte sich zunächst völlig
am südlichen Abhang des Burgberges, wo auch der Wirt-
r Burg mit der königlichen Eigenkirche St. Egidien lag, bis
itz aus. Getrennt von dieser ›Sebalder Stadt‹ entstand von
12. Jahrhunderts an auf dem linken Flußufer neben einem
nrad II. gegründeten Königshof bei St. Jakob eine zweite,
Stadt‹ mit eiförmigem Grundriß und regelmäßigen von
verlaufenden Straßenzügen mit kurzen Querverbindungen.

rch äußere Umstände, durch die Förderung seitens der
aber auch durch die Notwendigkeit, sich auf so wenig er-

Der ›Turm in der Mitte‹ steht als Bergfried der Kaiserburg, aufwachsend aus natürlichem Fels, am Ostrand der staufischen Burg. Wie auch bei anderen Reichsburgen üblich verstärkte er dort, an der Angriffsseite, die Schildmauer; war zugleich erste und — nur durch einen inzwischen vermauerten Einstieg in halber Höhe zugänglich — letzte Bastion der Burg.
Möglicherweise schon im 12. Jahrhundert entstanden, taucht dieser einzige mittelalterliche Rundturm Nürnbergs, der Vestner- oder Sinwellturm — von mittelhochdeutsch sinwell = rund, rundum — 1313 erstmals in einer Urkunde auf. Das ursprüngliche, typisch nürnbergische Spitzdach mit den vier Eckerkern, wie es der Luginsland in ähnlicher Form noch heute besitzt, wurde 1562 entfernt, der Turm nach Plänen des städtischen Zeugmeisters Hans Löhner durch gesimsartig auskragende Quaderringe erhöht und mit einer Bedachung versehen, die den ›dicken Türmen‹ der Stadtbefestigung angeglichen war.
Es scheint so, als habe die Stadt, der die Kaiserburg seit Heinrich VII. in Zeiten des Interregnums überantwortet war, die 1422 den baulichen Unterhalt der ›Veste des Reichs‹ übertragen erhielt, 1427 durch Kauf in den Besitz der Burggrafenburg gelangte, Anfang des 15. Jahrhunderts die Burg in das System der Stadtbefestigung einbezog und 1538 — 45 an der Nord- und Westseite die damals sensationellen sternförmigen Bastionen errichten ließ, ein sichtbares Zeichen setzen wollen für ihren längst auch auf die Kaiserburg ausgedehnten Machtanspruch.
Der Sinwellturm, der am höchsten aufragende und mit seinen mächtigen Buckelquadern wohl am stärksten von der Monumentalität staufischer Architektur geprägte Teil der Nürnberger Burg, war damit zum Symbol jener in Wirklichkeit längst vollzogenen Einheit von Burg und Stadt geworden, zu der es de jure nie gekommen ist.

Der Sinwellturm, der 1313 erstmals urkundlich genannte Bergfried der Kaiserburg, ist der einzige mittelalterliche Rundturm Nürnbergs

Allgemeine Angaben

Nürnberg liegt (Burg) auf 49° 27′ nör
Länge von Greenwich in der sandiger
heute großenteils Kiefernwaldungen –
kischen Beckens an beiden Ufern der
Stadtkerns schwankt zwischen 298 m
im inneren Burghof.
Nürnberg ist die zweitgrößte Stadt Bay
kischen Siedlungs- und Industrieballung
Ende 1990 rund 494 000. Mit den Nachb
bach ist Nürnberg durch eine gemeinsan
Nürnberg ist Sitz zahlreicher überörtli
einrichtungen (Akademie der Bildend
nik, Wirtschaft, Sozialwesen und (
für Musik; Universität Erlangen-N
licher und wirtschafts- und sozialw
ist angeschlossen an das Netz der B
Hauptlinien) und der Autobahn; s
Binnenschiffahrtshafen am Europaka
Innerhalb der vielfältigen Industrie
liche Handwerk zurückgeht, hat si
technik zum wichtigsten Zweig ent
Metallindustrie mit z. T. hochspe
Wichtig sind auch die Nahrungs- u
sonders Lebkuchen); Druck und V
Herstellung von Spielwaren und Bl

Geschich

Anlaß zur
baren Sand
um die Pe
Mitte des 1
auf ursprün
für Kaiser
verluste, di
den waren,
Territorien
nachhaltig
eigenem Gr
wird ›noure
Freilassung

Der Ort am
ordentlich r
Siedlung wei
in der Peter
Heinrich III.
unregelmäßig
schaftshof de
hin zur Pegn
der Mitte de
schon von K
die ›Lorenzer
Ost nach Wes

Begünstigt d
Kaiser, wohl

Der ›Turm in der Mitte‹ steht als Bergfried der Kaiserburg, aufwachsend aus natürlichem Fels, am Ostrand der staufischen Burg. Wie auch bei anderen Reichsburgen üblich verstärkte er dort, an der Angriffsseite, die Schildmauer; war zugleich erste und — nur durch einen inzwischen vermauerten Einstieg in halber Höhe zugänglich — letzte Bastion der Burg.
Möglicherweise schon im 12. Jahrhundert entstanden, taucht dieser einzige mittelalterliche Rundturm Nürnbergs, der Vestner- oder Sinwellturm — von mittelhochdeutsch sinwell = rund, rundum — 1313 erstmals in einer Urkunde auf. Das ursprüngliche, typisch nürnbergische Spitzdach mit den vier Eckerkern, wie es der Luginsland in ähnlicher Form noch heute besitzt, wurde 1562 entfernt, der Turm nach Plänen des städtischen Zeugmeisters Hans Löhner durch gesimsartig auskragende Quaderringe erhöht und mit einer Bedachung versehen, die den ›dicken Türmen‹ der Stadtbefestigung angeglichen war.
Es scheint so, als habe die Stadt, der die Kaiserburg seit Heinrich VII. in Zeiten des Interregnums überantwortet war, die 1422 den baulichen Unterhalt der ›Veste des Reichs‹ übertragen erhielt, 1427 durch Kauf in den Besitz der Burggrafenburg gelangte, Anfang des 15. Jahrhunderts die Burg in das System der Stadtbefestigung einbezog und 1538—45 an der Nord- und Westseite die damals sensationellen sternförmigen Bastionen errichten ließ, ein sichtbares Zeichen setzen wollen für ihren längst auch auf die Kaiserburg ausgedehnten Machtanspruch.
Der Sinwellturm, der am höchsten aufragende und mit seinen mächtigen Buckelquadern wohl am stärksten von der Monumentalität staufischer Architektur geprägte Teil der Nürnberger Burg, war damit zum Symbol jener in Wirklichkeit längst vollzogenen Einheit von Burg und Stadt geworden, zu der es de jure nie gekommen ist.

Der Sinwellturm, der 1313 erstmals urkundlich genannte Bergfried der Kaiserburg, ist der einzige mittelalterliche Rundturm Nürnbergs

Allgemeine Angaben

Nürnberg liegt (Burg) auf 49° 27′ nördlicher Breite und 11° 4′ östlicher Länge von Greenwich in der sandigen, vom ehemaligen Reichswald — heute großenteils Kiefernwaldungen — bedeckten Ebene des mittelfränkischen Beckens an beiden Ufern der Pegnitz. Die Höhenlage des alten Stadtkerns schwankt zwischen 298 m an der Fleischbrücke und 351 m im inneren Burghof.

Nürnberg ist die zweitgrößte Stadt Bayerns und Mittelpunkt der mittelfränkischen Siedlungs- und Industrieballung. Die Einwohnerzahl der Stadt betrug Ende 1990 rund 494 000. Mit den Nachbarstädten Erlangen, Fürth und Schwabach ist Nürnberg durch eine gemeinsame Großplanung verbunden.

Nürnberg ist Sitz zahlreicher überörtlicher Behörden und höherer Bildungseinrichtungen (Akademie der Bildenden Künste; Fachhochschule für Technik, Wirtschaft, Sozialwesen und Gestaltung; Städtische Fachakademie für Musik; Universität Erlangen-Nürnberg mit erziehungswissenschaftlicher und wirtschafts- und sozialwissenschaftlicher Fakultät). Die Stadt ist angeschlossen an das Netz der Bundesbahn (Hauptbahnhof mit sieben Hauptlinien) und der Autobahn; sie besitzt einen Flughafen und einen Binnenschiffahrtshafen am Europakanal Rhein-Main-Donau.

Innerhalb der vielfältigen Industrie, die nicht selten auf das mittelalterliche Handwerk zurückgeht, hat sich nach dem 2. Weltkrieg die Elektrotechnik zum wichtigsten Zweig entwickelt, gefolgt von Maschinenbau und Metallindustrie mit z. T. hochspezialisierten Klein- und Mittelbetrieben. Wichtig sind auch die Nahrungs- und Genußmittelindustrie (darunter besonders Lebkuchen); Druck und Vervielfältigung; chemische Industrie; die Herstellung von Spielwaren und Bleistiften.

Geschichtliche und kulturelle Entwicklung

Anlaß zur Entstehung der Stadt auf dem an und für sich wenig fruchtbaren Sandboden der zum größten Teil von Waldungen bedeckten Ebene um die Pegnitz dürfte die Burg gewesen sein, die wohl schon vor der Mitte des 11. Jahrhunderts auf dem Sandsteinrücken nördlich des Flusses auf ursprünglich bayerischem Siedlungsgebiet bestand. Sie mußte gerade für Kaiser Heinrich III. wichtig werden, der versuchte, die großen Gebietsverluste, die der Krone durch die Bistumsgründung Heinrichs II. entstanden waren, wieder auszugleichen und sich wenigstens das zwischen den Territorien der Bischöfe von Bamberg und Eichstätt verbliebene Land nachhaltig zu sichern. Anläßlich eines Hoflagers, das er 1050 ›auf eigenem Grund und Boden‹, wie es in den Annalen heißt, hier abhielt, wird ›nourenberc‹ in einer Urkunde, mit der der Kaiser am 16. Juli die Freilassung der Leibeigenen Sigena verfügte, erstmals namentlich genannt.

Der Ort am ›felsigen Berg‹ entwickelte sich im Schutz der Burg außerordentlich rasch, noch gefördert durch die um 1070 einsetzenden, die Siedlung weithin bekannt machenden Wallfahrten zu den Gebeinen eines in der Peterskapelle beigesetzten Heiligen, des Hl. Sebald. Noch unter Heinrich III. erhielt der Ort Marktrechte. Er dehnte sich zunächst völlig unregelmäßig am südlichen Abhang des Burgberges, wo auch der Wirtschaftshof der Burg mit der königlichen Eigenkirche St. Egidien lag, bis hin zur Pegnitz aus. Getrennt von dieser ›Sebalder Stadt‹ entstand von der Mitte des 12. Jahrhunderts an auf dem linken Flußufer neben einem schon von Konrad II. gegründeten Königshof bei St. Jakob eine zweite, die ›Lorenzer Stadt‹ mit eiförmigem Grundriß und regelmäßigen von Ost nach West verlaufenden Straßenzügen mit kurzen Querverbindungen.

Begünstigt durch äußere Umstände, durch die Förderung seitens der Kaiser, wohl aber auch durch die Notwendigkeit, sich auf so wenig ertragreichem Boden andere Einnahmequellen zu erschließen und durch die Tüchtigkeit der Bürger entstand sehr rasch einer der bedeutendsten Handelsplätze im süddeutschen Raum. Schon 1163 war das Recht der Nürnberger Kaufleute Vorbild für die Kaufleute aus Amberg und Bamberg. Und als Friedrich II. am 8. 11. 1219 in seinem sog. Freiheitsbrief den Bürgern seiner ›herzlieben Stadt‹ neben einer Reihe wirtschaftlicher Garantien münz- und zollpolitische Vorteile gewährte, sind in der aufstrebenden Siedlung bereits die Ansätze eines eigenen Stadtrechts, einer eigenen Verwaltung vorhanden. Trotzdem vergingen noch einige Jahre bis die getrennt ummauerten Siedlungen um St. Sebald und St. Lorenz 1245 erstmals als ›universitas civium‹ genannt werden und bis schließlich 1323 beide Stadtkerne durch eine gemeinsame Mauer verbunden wurden.

Der Prozeß der etwa 1350 abgeschlossenen Stadtwerdung verläuft parallel zu dieser zunehmenden räumlichen Ausdehnung. Stand der Ort, den noch die Staufer durchaus als ihren Familienbesitz betrachteten, zunächst unter der straffen Führung eines kaiserlichen Beamten, des Reichsschultheißen, so lockerte sich das enge Band, das Stadt und Kaiser verband, in der Zeit der staufischen Kämpfe mit dem Papst, vor allem aber während des Interregnums zusehends. 1339 ging das Schultheißenamt an einen der führenden Bürger und Kaufleute der Stadt über, an den Stifter des Heilig-Geist-Spitals, Konrad Groß. Nürnberg entwickelte sich zum selbständigen, nur dem Kaiser verpflichteten Stadtstaat, dessen Regierung spätestens 1313 seine im Prinzip nicht mehr veränderte Form besaß: neben den Großen Rat der ›Genannten‹ trat der jährlich von ihm gewählte Kleine oder Innere Rat mit 26 Mitgliedern, von denen 13 als die ›Älteren Bürgermeister‹ in vierwöchigem Wechsel die Geschäfte führten, während die 13 ›Jüngeren Bürgermeister‹ als Schöffen im Schultheißengericht amtierten. Den sog. engsten Rat bildeten die sieben ›Älteren Herren‹ mit den beiden Losungern an der Spitze. Die Stadt schuf sich damit ein bis 1794 bestehendes Führungssystem, in dem gegenseitige Kontrolle und Wechsel der Ämter, Wahlen und Mehrheitsbeschlüsse das Emporkommen einzelner verhinderten, bei dem aber der Einfluß der breiten Einwohnerschaft sehr gering war, zumal sich die ratsfähigen Geschlechter—inzwischen durch reiche Kaufmannsfamilien auf 42 erweitert — 1521 zum elitären Patriziat abschlossen.

Wesentlich problematischer als die Loslösung vom Kaiser, dem Nürnberg auch als Freie Reichsstadt auf das engste verbunden blieb, war das Verhältnis der Stadt zu den Burggrafen und späteren Markgrafen. Um 1105 waren unter den Saliern die Grafen v. Raabs als ›castellani‹, als Verwalter der auf der östlichen Hälfte des Burgfelsens gelegenen Königsburg eingesetzt worden.. Konrad III., der erste Staufer auf dem Thron, überließ diese Burg mit dem Fünfeckturm den ›Burggrafen‹ und errichtete auf dem westlichen, steil abfallenden Plateau eine zweite Burg, die ›Kaiserburg‹, die Friedrich I., Barbarossa zur 1183 als palatium bezeichneten Kaiserpfalz ausbaute. Von ihr aus betrieben die Staufer ihre ostfränkische Hausmachtpolitik.

Die ›Burggrafenburg‹, inzwischen erbliches Lehen, kam 1192 durch Heirat an Friedrich I. v. Zollern, dessen Geschlecht gleichzeitig mit der Stadt Nürnberg Rang und Besitz mehrte. Die expansive Politik der Hohenzollern — das Geschlecht erwarb nicht nur ringsum in Franken weitläufige Territorien, sondern auch eine Fülle von Rechten in und um Nürnberg, darunter das wichtige Oberforstmeisteramt im nördlichen Reichswald, das Landgericht und den Vorsitz im Stadtgericht, den Schmiedezins in der Stadt und den Wohnstättenzins auf der Lorenzerseite — mußte zu einer sich verschärfenden Rivalität führen.

Den endgültigen Aufstieg der Stadt konnten aber auch die Burggrafen, die späteren Markgrafen von Brandenburg-Ansbach und Brandenburg-Bayreuth, nicht verhindern, obwohl sie bis zuletzt mit ihrem die Stadt im Süden, Westen und Norden umgreifenden Territorialstaat eine Bedrohung darstellten, und der mehr oder minder hart ausgetragene Streit dauerte, bis Nürnberg 1806 bayerisch wurde.

Die wirtschaftliche Bedeutung Nürnbergs war inzwischen groß genug, um im Stadtbild sichtbar Ausdruck zu finden. Waren noch im 13. Jahrhundert die großen Kirchen St. Sebald und St. Lorenz entstanden, so errichtete man 1332—40 ein Rathaus, nach 1349 an der Stelle des niedergelegten Juden-Ghettos die Frauenkirche. Schon Ende des 14. Jahrhunderts bestanden sieben Bettelordensklöster und die Spital-Stiftungen zum Hl. Geist, St. Martha und Zwölf-Brüder.

Grundlage dieses Aufschwunges war neben der angesehendsten Tätigkeit des Nürnbergers, dem Fernhandel, dem sich auch das Patriziat widmete,

das blühende, mit dem sprichwörtlichen ›Nürnberger Witz‹ (Erfindungsreichtum) betriebene Handwerk, das besonders in der Metallverarbeitung hoch entwickelt war — ein nicht vollständiges Verzeichnis von 1363 nennt z. B. 1219 Meister in 50 Berufen, davon 30 metallverarbeitende.
War der Handel im Norden mit Flandern, aber auch mit Schlesien und Polen besonders intensiv, so erfaßte er im Süden vor allem die Donauländer Böhmen und Ungarn; mit Venedig entwickelte er sich zeitweilig zum Monopol. Nürnberg wurde zu einem der wichtigsten Umschlageplätze für Flandrische Tuche; für Felle und Pelze aus dem Osten; für alle über Venedig aus dem Orienthandel kommenden Produkte; für Metall, zu dessen Gewinnung einige Nürnberger Patrizierfamilien sich recht intensiv im oberpfälzer Bergbau- und Eisenhüttenwesen engagiert hatten; für Wein.
Der sich häufende Gewinn ermöglichte nicht nur den Ausbau der Stadt, fromme oder wohltätige Stiftungen und ein großzügiges, glanzvolles, den Künsten zugetanes städtisches Leben, sondern auch Darlehen an die ständig geldbedürftigen Kaiser, damit indirekt Einfluß auf die Reichspolitik und die Zusage neuer Privilegien. So wurde unter Ludwig d. Bayern die Zollfreiheit der Nürnberger Kaufleute auf 72 Zollstätten des Reiches ausgedehnt; Karl IV., der sich selbst über 40 mal z. T. monatelang in der Stadt aufhielt, bestimmte 1356 in der ›Goldenen Bulle‹, daß jeder neu gewählte deutsche König seinen ersten Reichstag in Nürnberg abhalten solle; 1424 wurde die Stadt zum Aufbewahrungsort der Reichskleinodien bestimmt, sichtbares Zeichen der nun allgemein anerkannten Bedeutung der Freien Reichsstadt. Nürnberg war auf dem Höhepunkt seiner Macht, dem Gipfel wirtschaftlicher und kultureller Blüte.

Rund 100 Jahre lang, etwa von der Mitte des 15. bis zur Mitte des 16. Jahrhunderts ist Nürnberg nun Mittelpunkt einer faszinierenden Ballung geistiger und kultureller Kräfte. Es wird ein Zentrum des deutschen Humanismus (Conrad Celtis, Willibald Pirckheimer, Christoph Scheurl, Hartmann Schedel), der Wissenschaften, der Malerei und Bildhauerei. Der Mathematiker und Astronom Regiomontanus arbeitet hier; Martin Behaim entwirft den ersten erhaltenen Erdglobus; Erhard Etzlaub verwendet die für Seekarten noch heute übliche, später sog. Mercatorprojektion; Peter Henlein fertigt seine kleinen, tragbaren Uhren; Anton Koberger beschäftigt zeitweilig bis zu 100 Personen an seinen Druckpressen; die volkstümliche Dichtkunst des Meistergesangs erreicht mit Hans Rosenplüt und Hans Sachs ihren Höhepunkt; in den Werken der bedeutendsten Nürnberger Maler und Bildhauer dieser Zeit, des Schnitzers Veit Stoß, des Steinmetzen Adam Krafft, der Erzgießerfamilie Vischer und des Malers und Graphikers Albrecht Dürer, gelingt der Übergang von der Spätgotik zur Renaissance, entstehen Schöpfungen von europäischer Bedeutung.

Der Stadt aber gelang es nicht nur dem Burg- und Markgrafen die Burg abzukaufen und damit endlich innerhalb der Mauern eigener Herr zu werden, sie gewann 1505 durch die Beteiligung am Landshuter Erbfolgekrieg auch das angestrebte, über den streng geschützten und seit 1368 durch Waldbesamungen gehegten Reichswald hinausgehende eigene Territorium: Lauf, Hersbruck, Altdorf, Velden und Gräfenberg wurden mit ihrem Umland für die nächsten 300 Jahre nürnbergisch.

Gegen die Mitte des 16. Jahrhunderts war der Höhepunkt im Leben der Stadt überschritten. Zwar gelang es in der lebendigen und aufgeschlossenen, durch den Humanismus vorbereiteten geistigen Atmosphäre der Freien Reichsstadt die wohl einschneidendste, im Bereich der Kirche stattfindende Auseinandersetzung des Jahrhunderts, die Reformation, ohne Gewalttätigkeit und Bildersturm zu überstehen. Auch auf kulturellem Gebiet wird noch immer Großartiges geleistet: Augustin Hirschvogel führt die Glasmalerwerkstatt seines Vaters weiter; Pankraz Labenwolf und sein Neffe Benedikt Wurzelbauer die Tradition des Nürnberger Erzgusses; die beiden Jamnitzer arbeiten als über die Grenzen Nürnbergs hinaus gesuchte Goldschmiede und Ornamentstecher; die Glockendons als Schöpfer eindrucksvoller Miniaturen; Hans Leo Haßler erschloß in seinen Kompositionen italienisches Formengut für die deutsche Musik. 1526 wird unter Beratung Philipp Melanchtons das erste Gymnasium gegründet.

Der Übertritt zum Protestantismus aber führte zu ersten Spannungen mit dem Kaiser: nach 1543 gab es in Nürnberg keinen Reichstag mehr. Knapp zehn Jahre später führte der verlustreiche ›zweite Markgrafenkrieg‹, bei dem zwar die Stadt gerettet, das Umland aber durch den raubend und brennend durch Nürnberger Land ziehenden Albrecht Alcibiades weithin verwüstet wurde, zu einer ersten, schweren Belastung der Stadtfinanzen. Noch konnte sie getragen werden, ja es kam kaum zwei Jahre später, 1555, zur Errichtung der vier großartigen Rundtürme zur Verstärkung der Tore in der Stadtmauer; 1578 zur Gründung einer Hochschule in Altdorf und 1616–22 wurde auch der ehrgeizige Plan des Neuen Rathauses verwirklicht. Auch im privaten Leben, zumal der Patrizier, ist noch alles auf Expansion eingestellt. Die Veränderung der Handelswege durch die Entdeckung Amerikas konnte durch die Erschließung neuer Märkte vor allem im Osten mehr als ausgeglichen werden. 1615 gründete man, um die Nürnberger Währung stabil zu halten, ein Banco Publico. Gleichzeitig entstanden um die Jahrhundertwende die aufwendigsten unter den Wohnbauten der Nürnberger Patrizier, das Toplerhaus, das Fembohaus und das Pellerhaus.

Der Dreißigjährige Krieg mit seiner Lähmung des Handels aber traf Nürnbergs Lebensnerv, zumal die Bevölkerungszahl, die 1618 immerhin bei 40 000 lag, durch die Pest dezimiert worden war. Waren auf kulturellem Gebiet noch immer Ansätze spürbar — Georg Philipp Harsdörffer gründete 1644 gemeinsam mit Johann Klai den ›Pegnesischen Blumenorden‹ zur Pflege von Sprache und Dichtung; die Maler Sandrart und Kupezky, der Musiker Pachelbel wirkten hier; die Egidienkirche wurde nach dem Brand von 1696 barock wieder aufgebaut, auch blühte eine gewisse barocke Gartenkultur —, so war doch der großartige mittelalterliche Elan der Stadt und ihrer Bürger gebrochen, der politische und wirtschaftliche Niedergang besiegelt. Das Patriziat, längst dem Handel entfremdet, erstarrte in äußeren Formen des Gesellschaftslebens, war den Anforderungen des sich durchsetzenden Merkantilismus mit seinen Schutzzöllen nicht mehr gewachsen. Das einst so erfindungsreiche Handwerk verlegte sich auf die Erzeugung billiger Massenware. Die Schulden der Stadt, die Ende des 30jährigen Krieges 7½ Millionen Gulden betragen hatten, wuchsen und wuchsen. Die vom Rat als einziges Heilmittel angesehenen Steuererhöhungen führten zu Protesten der Bürger, zu Abwanderungen, und lähmten die Wirtschaft erst recht. Ende des 18. Jahrhunderts stand die Stadt vor dem Staatsbankrott. Der Anschluß an Preußen, der 1796 eine Sanierung bringen sollte, kam nicht zustande. Statt dessen wurde Nürnberg 1806 auf Grund der Rheinbundakte bayerisch: aus der ehemals so

glanzvollen Freien Reichsstadt wurde eine Provinzstadt ohne Anteil an der Regierung, ohne den Auftrieb einer Hauptstadt auf kulturellem Gebiet. Trotzdem zog neues Leben ein. Mit altem Nürnberger Unternehmungsgeist ging man an den Bau der ersten deutschen Eisenbahn, die Johannes Scharrer 1835 zwischen Nürnberg und Fürth eröffnen konnte; an die Umwandlung der handwerklichen Betriebe des 18. Jahrhunderts in moderne Industrien (Friedrich Klett, Theodor Kramer, Sigmund Schuckert). Nürnberg wurde im Laufe des 19. Jahrhunderts zur führenden Industriestadt Bayerns.
Gleichzeitig entdeckten die Romantiker, angeführt von Ludwig Tieck und Wilhelm Wackenroder, die schon 1793 staunend vor der Schönheit des alten Stadtbildes standen und in ihm den wahren Geist des Mittelalters verkörpert sahen, das historische Nürnberg. ›Des Reiches Schatzkästlein‹ wurde zum Symbol des deutschen Mittelalters, zum Mekka der Maler und Dichter, für Hans v. Aufseß zum einzig möglichen Standort für sein 1852 gegründetes Germanisches Nationalmuseum, das ein Gesamtbild der Kunst und Kultur Deutschlands vermitteln sollte.
Die Vorstellung von dieser geschichtlichen Bedeutung, ja von der Sendung Nürnbergs führte zu der Bevorzugung im Dritten Reich, das Nürnberg zur ›Stadt der Reichsparteitage‹ machte und der Stadt nach dem Ende des 2. Weltkrieges die Kriegsverbrecherprozesse einbrachte.
In diesem Krieg in fast hoffnungsloser Weise zerstört, wurde die Stadt mit ›Nürnberger Witz‹ und Nürnberger Zähigkeit zu neuem Leben erweckt. Nürnberg wurde zu einer Großstadt, die bei aller modernen Aufgeschlossenheit sich selbst und ihrer Tradition treu geblieben ist.

Archive und Bibliotheken

Archiv des Germanischen Nationalmuseums Karthäusergasse 1	ca. 15 000 originale Pergamenturkunden vor allem aus dem Mittelalter; etwa 30 geschlossene Archivbestände, vor allem Adelsarchive; Archiv für bildende Kunst mit Nachlässen von Malern, Bildhauern, Architekten und Kunstgelehrten
Bayerisches Staatsarchiv Archivstraße 17	allgemeines Archiv des Bayer. Staates für den Regierungsbezirk Mittelfranken; über 42 000 Pergamenturkunden und 300 000 Akten der ehemals reichsunmittelbaren Territorien, darunter auch der Reichsstadt Nürnberg
Bibliothek des Germanischen Nationalmuseums Karthäusergasse 1	Spezialbibliothek zur deutschen Kunst- und Kulturgeschichte mit etwa 350 000 Bänden, darunter Handschriften, Inkunabeln. Stich- und Abbildungswerke
Landeskirchliches Archiv Veilhofstraße 28	mit etwa 50 000 Bänden einer der ältesten und reichsten Bestände an Kirchenbüchern, zurückreichend bis zum Jahr 1524; Urkunden zur Kirchengeschichte bis ins 13. Jahrhundert
Stadtarchiv Egidienplatz 23	Quellen zur mittelalterlichen Kultur-, Wirtschafts- und Rechtsgeschichte Nürnbergs (z. T. seit 1806 im Bayer. Staatsarchiv); Stiftungsakten, Stadtratsprotokolle, Urkunden Nürnberger Familien
Stadtbibliothek	älteste Stadtbibliothek Deutschlands, 1429 durch Stiftung des Propstes Konrad Kunhofer begründet; umfaßt zur Zeit 11 Bibliotheken mit ca. 830 000 Bänden wichtigste Einzelbibliotheken:
Zentralbibliothek Gewerbemuseumsplatz	Freihandbibliothek mit überwiegend jüngeren Beständen
Bibliothek Egidienplatz	überwiegend Altbestände, darunter über 3000 Handschriften und Inkunabeln, sowie orts- und landeskundliche Literatur
Musikbibliothek Königstorgraben 3	ca. 50 000 Bände zur Musikgeschichte und Noten, sowie Schallplatten und Kassetten
Verwaltungsbibliothek im Rathaus	ca. 20 000 Bände aus allen Bereichen der Verwaltung und des Rechtswesens
Universitätsbibliothek jetzt Zentralbibliothek für Wirtschafts- und Sozialwissenschaften Egidienplatz 23	Spezialbibliothek mit etwa 120 000 Bänden

Bedeutende Nürnberger

Ayrer, Jakob	* Nürnberg um 1543, † Nürnberg 26. 3. 1605 Dramatiker, Gerichtsprokurator und Notar; über 100 nur z. T. erhaltene Stücke: Tragödien, Komödien, Fasnachtsspiele; verarbeitete Anregungen der Englischen Komödianten
Behaim, Martin	* Nürnberg 1459, † Lissabon 29. 7. 1507 Seefahrer, Kosmograph; nach Handelsreisen in die Niederlande Aufenthalt in Portugal; Teilnahme an der 2. Entdeckungsfahrt des Diego Cao; Entwurf des heute ältesten Erdglobus
Beham, Barthel	* Nürnberg, 1502, † Italien 1540 Maler und Kupferstecher; zeitweilig Hofmaler in München und Landshut; zahlreiche Fürstenbildnisse
Beham, Hans Sebald	* Nürnberg 1500, † Frankfurt a. M. 1550 Maler, Kupferstecher, Radierer und Zeichner für Holzschnitte; Schüler Dürers; mit über 1300 Blättern der vielseitigste der sog. Kleinmeister, einer Gruppe von Kupferstechern, die im 16. Jahrhundert in der Nachfolge Dürers arbeiteten
Celtis (Celtes), Conrad (eigentlich Pickel)	* Wipfeld/Schweinfurt 1. 2. 1459, † Wien 4. 2. 1508 bedeutendster Vertreter des deutschen Humanismus, zugleich der begabteste Dichter (in Latein) der Zeit um 1500; Gründer zahlreicher humanistischer Gesellschaften; 1487 als erster Deutscher von Friedrich III. in Nürnberg zum Dichter gekrönt; Professor in Ingolstadt und Wien; Entdecker der Werke von Hrotsvit von Gandersheim; Autor und Herausgeber zahlreicher wichtiger Werke, darunter eine Verslehre, die ›Germania‹ des Tacitus und als erster Teil der geplanten ›Germania illustrata‹ eine ausführliche Beschreibung der Stadt Nürnberg (1495 und 1502)
Cochläus, Johannes (eigentlich Dobeneck)	* Wendelstein/Nürnberg 10. 1. 1479, † Breslau 11. 1. 1552 1510–15 Rektor der Lateinschule von St. Lorenz in Nürnberg; in dieser Zeit Verfasser verschiedener Lehrbücher und Herausgeber der Kosmographie des Pomponius Mela, der eine Beschreibung Deutschlands beifügte; nach 1515 Studien in Italien; Dr. theol. und kath. Priester, scharfer Gegner Luthers
Daumer, Georg Friedrich	* Nürnberg 5. 3. 1800, † Würzburg 13. 12. 1875 Religionsphilosoph und Dichter; trat für Kaspar Hauser ein

Delsenbach, Johann Adam	* Nürnberg 9. 12. 1678, † 16. 5. 1765 Kupferstecher und Maler; bedeutendstes Werk die 113 Blätter umfassenden Nürnberger Prospekte
Dürer, Albrecht	* Nürnberg 21. 5. 1471, † Nürnberg 6. 4. 1523 Maler, Graphiker, Kunstschriftsteller; die wohl einflußreichste Künstlerpersönlichkeit der Zeit zwischen Spätgotik und Renaissance, der ›Dürerzeit‹; etwa 100 Gemälde, darunter Anbetung der Könige, um 1502; Paumgärtner Altar, 1504; Maria mit Zeisig, 1506; Adam und Eva, 1507; Apostel, 1526; und verschiedene Selbstbildnisse; vor allem in den etwa 900 Zeichnungen, 350 Holzschnitten und 100 Kupferstichen von z. T. nicht wieder erreichter Ausdruckskraft und Vollendung der Form (›Apokalypse‹ 1498; Holzschnittfolge des Marienlebens, 1504–11; Kleine Holzschnitt-Passion, 1509–11; Kupferstich-Passion, 1508–12; ›Ritter, Tod und Teufel‹, 1513; ›Melancolia I‹, ›Hieronymus im Gehäuse‹, Bildnis seiner Mutter, 1514)
Ebner, Christina	* Nürnberg 26. 3. 1277, † Engelthal/Nürnberg 27. 12. 1356 Mystikerin im Dominikanerinnenkloster Engelthal; Verfasserin einer Anzahl wichtiger Schriften zur dt. Mystik
Etzlaub, Erhard	* Nürnberg 1461, †Nürnberg 1532 Kartograph; schuf Verkehrskarten (u. a. sog. Romwegkarte) mit Entfernungsangaben und verwendete als erster Kartennetzentwürfe, die später sog. Mercatorprojektion (für Seekarten noch heute üblich)
Flötner, Peter	* um 1485, † Nürnberg 23. 11. 1546 Bildschnitzer, Holzschneider und Goldschmied; ab 1522 in Nürnberg ansässig; wurde durch Verwendung vor allem oberitalienischer Formen zu einem Bahnbrecher der dt. Renaissance; Hauptwerke: Dekorationen im Hirschvogelsaal (1534) und im Tucherschen Gartenhaus (sog. Tucherschlößchen, 1533–44), beide Nürnberg, nur z. T. erhalten
Folz (Foltz), Hans genannt der Barbierer	* Worms um 1450, †Nürnberg vor dem 16. 9. 1515 Barbier und Meistersinger; kam 1479 nach Nürnberg und reformierte den Meistergesang; verfaßte lehrhafte Spruchdichtung und Fasnachtsspiele mit zeitsatyrischen Zügen
Glockendon (Glockenton)	bekannte Nürnberger Buchmalerfamilie des 16. Jahrhunderts Albrecht Glockendon, † Nürnberg, 1545 u. a. Schöpfer der Miniaturen des ›Glockendonschen Missale‹ (Nürnberg, Stadtbibliothek)

	Nikolaus Glockendon, * um 1500, † 1534 Hauptwerk: Missale für Kardinal Albrecht v. Mainz, 1524 (Aschaffenburg, Bibliothek)
Grübel, Johann Konrad	* Nürnberg 3. 6. 1736, † Nürnberg 8. 3. 1809 Mundartdichter; von seiner reichen Kleinkunst (Briefe, Satire, Gespräch, Anekdote) vieles verschollen; Hauptwerk 5 Bände Gedichte in Nürnberger Mundart
Harsdörffer, Georg Philipp	* Nürnberg 1. 11. 1607, † Nürnberg 22. 9. 1658 Dichter; nach Bildungsreisen in Europa Mitglied des Inneren Rats der Stadt Nürnberg; er stiftete 1644 den ›Pegnesischen Hirten- und Blumenorden‹; seine Theorien über die Dichtkunst entwickelte er in dem als ›Nürnberger Trichter‹ sprichwörtlich gewordenen ›Poetischen Trichter, die teutsche Dicht- und Reimkunst in sechs Stunden einzugießen‹ (1648—53)
Haßler (Hasler), Hans Leo	* Nürnberg 25. oder 26. 10. 1564, † Frankfurt a. M. 8. 6. 1612 Komponist; neben M. Praetorius der bedeutendste dt. Meister der Zeit um 1600 mit stark italienisch beeinflußtem Stil
Heideloff, Karl Alexander v.	* Stuttgart 2. 2. 1788, † Haßfurt 28. 9. 1865 Architekt, Maler, Bildhauer und Kunstschriftsteller; nach 1822 Konservator der städt. Kunstdenkmäler in Nürnberg; Neugotiker; restaurierte die großen Nürnberger Kirchen und zahlreiche Schlösser und Kirchen in Franken; vielseitige Veröffentlichungen
Henlein, Peter (fälschlich Hele)	* Nürnberg um 1480, † Nürnberg Sommer 1542 Schlosser; fertigte als erster um 1510 kleine tragbare Uhren in Dosenform mit Stundenschlag und vierzigstündigem Gang
Homann, Johann Baptist	* Kammlach/Mindelheim 20. 3. 1663, † Nürnberg 1. 7. 1724 Kartenstecher; gründete 1702 in Nürnberg einen bis 1813 bestehenden bedeutenden Landkartenverlag, gab neben Globen etwa 200 Karten heraus
Hirschvogel, auch Hirsvogel	Nürnberger Künstlerfamilie des 15. und 16. Jahrhunderts Augustin, * Nürnberg 1503, † Wien 1553 Glasmaler, Graphiker, Töpfer und Kartograph; Schöpfer zahlreicher von der Donauschule beeinflußter Landschaftsradierungen und von Töpferwaren mit leuchtenden Glasuren nach italienischem Vorbild
	Veit, * Nürnberg 1461, † Nürnberg 1525 Glasmaler und Stadtglaser von Nürnberg; Meister einer bedeutenden Werkstatt für Glasmalereien nach Entwürfen von A. Dürer, Hans Baldung und Hans v. Kulmbach

Jamnitzer, Christoph	* Nürnberg 12. 5. 1563, † Nürnberg 1618 Goldschmied, Ornamentstecher und Zeichner; veröffentlichte 1610 das ›Neuw Grottezken Buch . . .‹, ein Ornamentwerk mit Radierungen; Hauptwerk: Prunkkanne und -schüssel mit Trionfi nach Petrarca, Wien
Jamnitzer, Wenzel	* Wien 1508, † Nürnberg 19. 12. 1585 Goldschmied und Ornamentstecher; v. a. Schöpfer meisterlicher Prunkgefäße (Merkelscher Tafelaufsatz, um 1549, Paris); veröffentlichte 1568 das Werk ›Perspektiva corporum regularium‹
Koberger, Anton	* Nürnberg um 1445, † Nürnberg 3. 10. 1513 einer der bedeutendsten Buchdrucker, Verleger und Buchhändler des 15. Jahrhunderts; stellte in seiner Nürnberger Offizin zwischen etwa 1470 und 1500 rund 250 Drucke her und beschäftigte bis zu 100 Personen an 24 Pressen; der Vertrieb erfaßte weite Teile Europas; wichtigste Ausgaben: Dt. Bibel (1483); Schatzbehalter (1491); Schedels Weltchronik in Latein und Deutsch (1493)
Klein, Johann Adam	* Nürnberg 24. 11. 1792, † München 21. 5. 1875 Maler und Radierer; meist Genreszenen vor Landschaften, Pferdedarstellungen
Krafft (auch Kraft), Adam	* Nürnberg (?) um 1460, † Schwabach 1508/09 einer der bedeutendsten Bildhauer der dt. Spätgotik; lebte und arbeitete ausschließlich in Nürnberg; wichtigste Werke: Epitah des S. Schreyer (1490—92); Sakramentshaus in St. Lorenz (1493—96); Kreuzwegstationen nach St. Johannis
Kulmbach, Hans v. (eigentlich Hans Süß)	* Kulmbach um 1480, † Nürnberg 1522 Maler und Zeichner; einer der bedeutendsten Schüler Dürers, vor allem in Nürnberg tätig; Hauptwerk: Epitaph des Lorenz Tucher, 1513, in St. Sebald, Nürnberg
Labenwolf, Pankraz	* Nürnberg 1492, † Nürnberg 20. 9. 1563 bei Peter Vischer ausgebildeter Bildhauer und Erzgießer; gesicherte Werke: Grabplatte des Wernher Graf v. Zimmern, 1551; Puttenbrunnen im Hof des Nürnberger Rathauses, 1557
Neudörffer, Johann d. Ä.	* Nürnberg 1497, † Nürnberg 12. 11. 1563 Schreiblehrer und bedeutendster Kalligraph der dt. Renaissance; seine gedruckten Schreibvorlagen wichtig für die Entwicklung der dt. Schreibschrift; sein Werk ›Nachrichten von nürnberger Künstlern und Werkleuten‹ (1547) eine Quelle der Nürnberger Kunstgeschichte

Osiander, Andreas	* Gunzenhausen 19. 12. 1498, † Königsberg 17. 10. 1552 nach 1522 erster evangelischer Prediger in Nürnberg und einer der damals einflußreichsten evangelischen Theologen Süddeutschlands
Pachelbel, Johann	getauft Nürnberg 1. 9. 1653, † Nürnberg 3. 3. 1706 Organist und Komponist; ab 1695 Organist an der Sebalduskirche; Choralbearbeitungen und freie Orgelwerke
Petzold, Hans	* Nürnberg 1551, † Nürnberg 1633 Goldschmied; neben W. Jamnitzer der bedeutendste Nürnberger Meister der Renaissance; Schöpfer von mehr als 80 Prunkpokalen
Pirckheimer (Pirkheimer), Charitas	* Eichstätt 21. 3. 1467, † Nürnberg 19. 8. 1532 Äbtissin des Nürnberger Klarissenklosters, vielseitig gebildete und einflußreiche Humanistin
Pirckheimer (Pirkheimer), Willibald	† Eichstätt 5. 12. 1470, † Nürnberg 22. 12. 1530 einflußreicher Humanist und Nürnberger Ratsherr; studierte Jura in Padua und Pavia; Anführer der Nürnberger Hilfstruppe im Schweizerkrieg Maximilians (1499); u. a. Übersetzer griechischer Werke ins Lateinische
Pfinzing, Melchior	* Nürnberg 25. 11. 1481, † Mainz 24. 11. 1535 Propst in Nürnberg und Mainz; Geheimschreiber Maximilians I.; Dichter des ›Theuerdank‹
Pleydenwurff, Hans	* wahrsch. Bamberg um 1420, † Nürnberg 1472 ab 1457 in Nürnberg arbeitender Maler, der niederländischen Anregungen folgend den Realismus in die Nürnberger Malerei einführte; Hauptwerke: Bildnis Graf v. Löwenstein; Kreuzabnahme (beides Germ. Nationalmuseum Nürnberg); Kreuzigung, um 1470 (Alte Pinakothek München); Hochaltar für St. Elisabeth in Breslau
Rösel v. Rosenhof, August Johann	* Augustenburg 30. 3. 1705, † Nürnberg 29. 3. 1759 Zoologe, Miniaturmaler und Kupferstecher; beschrieb in seinen meisterhaft bebilderten Werken die heimische Fauna; wichtigste Werke: ›Insektenbelustigungen‹, 5 Bände, 1746–60; ›Historia naturalis ranarum‹, 1758
Rosenplüt (Rosenblut), Hans, genannt der Schnepperer	* Anfang 15. Jahrhundert, † Nürnberg um 1470 Nürnberger Büchsenmeister und Dichter; einer der wichtigsten Vertreter der bürgerlichen Literatur des 16. Jahhunderts; schuf u. a. über 4200 Meisterlieder und 85 Fasnachtsspiele; bedeutend für die Entwicklung des Dramas

Sachs, Hans	* Nürnberg 5. 11. 1494, † Nürnberg 19. 1. 1576 Schuhmacher und Dichter; als Meistersinger bekanntester Vertreter der bürgerlichen Literatur des 16. Jahrhunderts; schuf u. a. über 4200 Meisterlieder und 85 Fasnachtsspiele; bedeutend für die Entwicklung des Dramas
Sandrart, Joachim	* Frankfurt 1606, † Nürnberg 14. 10. 1688 Maler und Kunstschriftsteller; nach 1674 Direktor der Nürnberger Akademie; schuf Historien- und Altarbilder, Bildnisse; wichtig vor allem als Verfasser der ›Teutschen Academie‹, einer Hauptquelle der deutschen Barockkunst
Schedel, Hartmann	* Nürnberg 13. 2. 1440, † Nürnberg 28. 11. 1514 Humanistischer Geschichtsschreiber, Stadtarzt; verfaßte die sog. Schedelsche Weltchronik (1493, lateinisch) und sammelte eine bedeutende für die Geschichte des Humanismus wichtige Bibliothek
Scheurl, Christoph	* Nürnberg 11. 11. 1481, † Nürnberg 14. 6. 1542 Rechtsgelehrter, Diplomat, Kunstschriftsteller; gehört zu den frühesten dt. Humanisten; Hauptwerke: Libellus de laudibus Germaniae . . . , 1506; ›Oratio Dr. Scheurli . . .‹ 1509
Schuckert, Johann Siegmund	* Nürnberg 18. 10. 1846, † Wiesbaden 17. 9. 1895 Unternehmer; Begründer einer mechanischen Werkstatt, aus der sich die Elektrizitäts-AG entwickelte, die 1903 zur Siemens-Schuckert GmbH umgewandelt wurde
Spengler, Lazarus	* Nürnberg 13. 3. 1479, † Nürnberg 1534 Ratsschreiber und Dichter; trat für Luther ein und war an der Einführung der Reformation in Nürnberg stark beteiligt
Stoß, Veit	* Nürnberg (?) zwischen 1440 und 1450, † Nürnberg 1533 Bildhauer, Kupferstecher, Maler; einer der bedeutendsten Bildhauer der dt. Spätgotik; Hauptwerke: Hochaltar der Marienkirche in Krakau (1477–89); Englischer Gruß in St. Lorenz, Nürnberg (1517–18); Hochaltar für die Karmeliten (1520–23), jetzt Bamberger Dom; Tafelgemälde des Altars in Münnerstadt (um 1500)
Venatorius, Thomas (eigentlich Gechauf)	* Nürnberg um 1488, † Nürnberg 4. 2. 1551 Humanist, Mathematiker und Theologe; als Verfasser wissenschaftlicher Arbeiten geschätzt

Vernerus, Johannes (eigentlich Werner)	* Nürnberg 14. 2. 1468, † Nürnberg 1522 Mathematiker, Astronom; Verfasser bedeutender mathematischer und astronomischer Schriften
Vischer	Nürnberger Erzgießerfamilie des 15. und 16. Jahrhunderts; Stammvater Hermann d. Ä., der 1453 in Nürnberg eine Gießhütte begründete; sein Sohn Peter d. Ä. ab 1489 selbständiger Meister; vier Söhne, die alle als Erzgießer tätig waren: Hermann d. J., Peter d. J., Hans und Paulus; am bedeutendsten Peter d. Ä., * Nürnberg um 1460, † Nürnberg 7. 1. 1529 unter dessen Leitung sich die Gießhütte zur bedeutendsten der beginnenden dt. Renaissance entwickelte; Hauptwerke: Grabmal des Erzbischofs Ernst v. Sachsen im Magdeburger Dom (1494–95); Sebaldusgrab in St. Sebald, Nürnberg (1508–19); Figuren des Theoderich und des Artus für das Maximiliansgrab in Innsbruck (1512–13) Peter d. J., * Nürnberg 1487, † Nürnberg 1528 erster bedeutender dt. Kleinplastiker; Werke: neben zahlreichen Medaillen etc. vor allem der reiche figürliche Schmuck des Sebaldusgrabes, Nürnberg (1508–19)
Wolgemut, Michael	* Nürnberg 1434, † Nürnberg 30. 11. 1519 Maler und Holzschnittzeichner; übernahm die Werkstatt H. Pleydenwurffs und war Lehrer Dürers; Hauptwerke: Hochaltar der Marienkirche Zwickau (1476–79); Altar der Stiftskirche Feuchtwangen (1484); Hochaltar der Stadtpfarrkirche Schwabach (1506–08); Holzschnitte zum ›Schatzbehalter‹ (1491) und zur Schedelschen Weltchronik (1493)
Wolff, Jacob d. Ä.	* Bamberg um 1546, †Nürnberg vor 16. 7. 1612 Baumeister und Bildhauer; schuf den Neubau der Feste Marienberg und das Echtertor in Würzburg (1601–05), mit dem Pellerhaus, Nürnberg, einen der großartigsten Privatbauten der deutschen Renaissance (1602–07)
Wolff, Jacob d. J.	* wohl Bamberg 1571, † Nürnberg 25. 2. 1620 Baumeister; schuf mit dem 1622 vollendeten Nürnberger Rathaus den neben E. Holls Rathaus in Augsburg bedeutendsten Bürgerbau der damaligen Zeit
Wurzelbauer, Benedikt	* Nürnberg 25. 9. 1548, † Nürnberg 2. 10. 1620 Erzgießer und Bildhauer; Neffe Labenwolfs, dessen Werkstatt er übernahm; geschult am Werk niederländischer Manieristen und W. Jamnitzers; Hauptwerke: Tugendbrunnen Nürnberg, Venusbrunnen Prag

Brunnen

Nicht zu Unrecht galt Nürnberg vom frühen Mittelalter an als eine der am besten mit Wasser versorgten Städte Deutschlands. 1594 wird lobend erwähnt, daß die Stadt ›118 Brunnen mit reinem Wasser‹ hat, die ›mit Steinpfeilern gebaut sind und Ketten und Eimer haben‹, daß es aber daneben noch 14 Wasserleitungen gibt, die fast alle Häuser versorgen. Zu Ausgang des 18. Jahrhunderts gab es innerhalb der Stadtmauer neben 26 Spring- und Röhrenbrunnen und 116 Ziehbrunnen auf öffentlichen Straßen und Plätzen 1049 Schöpfbrunnen und ›Röhrkästen mit lebendigem Wasser‹ in Häusern und Höfen.

Schon früh begann man neben den aus dem Grundwasser schöpfenden Ziehbrunnen, von denen der älteste wohl der Tiefe Brunnen auf der Burg ist, die im Stadtgebiet entspringenden Quellen durch Röhrensysteme zu leiten, ja auch von außerhalb Quellwasser in die Stadt zu bringen. Eine 1368 erwähnte Röhrenleitung führte zum Heilig-Geist-Spital, dessen sicher außergewöhnlicher Wasserbedarf — das Spital versorgte über 100 Pfleglinge, denen der Stiftungsbrief von 1339 z. B. auch alle zwei Wochen ein Bad zusicherte — auf diese Weise gedeckt werden konnte. Es war die erste jener Quellwasser aus dem Nürnberger Umland in die Stadt führenden Leitungen, die aus etwa 6 m langen z. T. mit Blech verstärkten Holz- später auch Bleiröhren bestanden, 50 cm bis 2 m unter der Erde lagen und vom städtischen Röhrenmeister überwacht wurden. ›Künstliche Wassermaschinen‹, von Wasserrädern im Fischbach und in der Pegnitz angetriebene Hebewerke, sorgten soweit nötig für den Wasserdruck. Sie hoben das Wasser in die Reservoirs einer Anzahl von ursprünglich zum Teil hölzernen Türmen. Der älteste, schon 1483 erwähnte derartige Turm stand in der Nähe des Frauentors über dem Einfluß des Fischbachs. Sein Hebewerk förderte pro Stunde etwa 100 Eimer Wasser über vier Stockwerke hoch aus den im Stadtgraben gelegenen gemauerten Brunnen in die Hochbehälter des Turms.

Zu Recht stolz auf dieses System von Wasserwerken und Rohrleitungen — übrigens eines der ältesten Deutschlands —, beschränkte sich der Rat der Stadt beim Bau der Brunnen nicht auf das in Nürnberg sonst so sehr geschätzte rein Nützliche, Zweckmäßige. Neben den zur Wasserversorgung der Bevölkerung errichteten einfachen Anlagen, wurden die an städtebaulich exponierter Stelle gelegenen Brunnen besonders reich ausgestattet oder später auch als reine Zierbrunnen aufgestellt und noch heute läßt sich die Stadt das Aufstellen von Brunnen besonders angelegen sein.

Albrecht-Dürer-Brunnen an der SO-Ecke des Maxplatzes	gegliederter klassizistischer Pilon mit flacher Giebelbekrönung und Bronzemedaillons mit den Bildnissen von A. Dürer und W. Pirckheimer; tiefe, bronzene Brunnenbecken mit Reliefs geflügelter Pferde; Entwurf von K. A. Heideloff, 1821
›Am Krebsstock‹ Wandbrunnen an der Fleischbrücke	Pyramidenaufbau mit Rollwerk, Masken und Fruchtgirlanden über quadratischem Becken; als Wasserspeier Widderkopf; um 1600 (Original im Germanischen Nationalmuseum)
Apollobrunnen seit 1957 im Hof des Pellerhauses	(ursprünglich im Herrenschießhaus, dann im Rathaushof) Bronzestatue des bogenschießenden Apoll auf quadratischem Sockel mit Eidechsen, Schnecken und auf wasserspeienden Delphinen reitenden Putten; 1532 nach Entwurf Peter Flötners von Hans Vischer und Jacobo de Barbari gegossen.
Dudelsackpfeiferbrunnen Unschlittplatz	Bronzefigur eines Dudelsackpfeifers über steinerner Schale mit Schmiedeeisengitter. Guß von 1880 nach einem Holzmodell aus der 1. Hälfte des 16. Jahrhunderts (im Germanischen Nationalmuseum).
Gänsemännchenbrunnen Rathausgäßchen (ursprünglich Obstmarkt)	Bronzefigur des sog. Gänsemännchens, eines Bauern mit zwei Gänsen unter dem Arm über steinerner Schale mit Schmiedeeisengitter, Guß um 1550 von Pankraz Labenwolf.
Geiersbrunnen am Geiersberg	über steinerner, von einem Schmiedeeisengitter umgebener Brunnenschale Geier, der ein Lamm in sein Nest bringt; 1906 von Bildhauer Leistner
Hanselbrunnen auch Heinzenbrunnen im kleinen Vorhof des Heilig-Geist-Spitals	Bronzefigur eines sitzenden Schalmeibläsers über steinerner Brunnenschale mit Schmiedeeisengitter; moderner Guß nach dem um 1380 geschaffenem Original im Germanischen Nationalmuseum, dem frühesten erhaltenen Werk der Nürnberger Bronzebildnerei.
Hans-Sachs-Brunnen vor dem Weißen Turm	**große Brunnenanlage von Prof. Jürgen Weber, Braunschweig, genannt das ›Ehekarussel‹, 1984 aufgestellt.**
Hieserleinbrunnen am Unschlitthaus	Sandsteintrog mit wasserspeiender Kopfmaske, Abguß einer Bronzearbeit des 14. Jahrhunderts, unbekannter Meister; Original im Germanischen Nationalmuseum

Mauritiusbrunnen im sog. Welserhof, Theresienstraße 7	Beispiel eines Wandbrunnens im Hof eines Privathauses; vor Rundbogennische steinerner Brunnentrog des späten 16. Jahrhunderts mit ornamentierten Füßen; darüber gerahmte Arkadennnische mit Bronzefigur des Hl. Mauritius (Kopie nach einem Zweitguß von Peter Vischer, um 1507) und Auslaufrohr mit Delphinskopf
Peter-Henlein-Brunnen Hefnersplatz	Bronzefigur des berühmten Nürnberger Uhrmachers nach Entwurf des Berliner Bildhauers Max Meißner, 1905, über steinernem Brunnenbecken
Puttenbrunnen im Rathaushof	Putto mit Schild und Fähnlein und 8 wasserspeienden Delphinen auf hoher und schlanker kannellierter Säule über muschelförmigem Becken; Bronzeguß von Pankraz Labenwolf 1549–57
Schöner Brunnen Hauptmarkt	der berühmteste unter den Nürnberger Brunnen; über dem niedrigen Oktogon des Wasserkastens 19 m hohe, vierfach gestufte und reich durchbrochene Steinpyramide mit Strebepfeilern und -bögen, Fialen, Maßwerk, Kreuzblumen und Baldachinen über einem Teil der 40 in Reihen angeordneten Figuren; farbig gefaßt; geschaffen von wahrscheinlich drei verschiedenen Meistern; Planung um 1370, Ausführung bis 1396, mehrfach erneuert, 1897–1902 durch Kopie ersetzt (Originale im Germanischen Nationalmuseum); Schmiedeeisengitter von P. Kuhn, 1587, mit dem drehbaren, nahtlosen, goldenen Ring!
Teufelsbrunnen an der Westfassade der Lorenzkirche	neugotischer, wimpergartiger Aufbau, der mit Teufel und Schuljunge an eine Lorenzer Sage erinnert; Entwurf von Prof. Wanderer
Tiefer Brunnen im Vorhof der Burg	wahrscheinlich der älteste Schöpfbrunnen der Stadt, urkundlich im 14. Jahrhundert erstmals erwähnt; in einem Brunnenhaus des 16. Jahrhunderts; 50 m tiefer, bis auf acht gemauerte Quaderschichten unterhalb der Brüstung in anstehendem Fels, Wasserstand 3 m
Triton-Brunnen gen. Wasserspeier Maxplatz	großes profiliertes Sandsteinbecken mit einer von vier Delphinen getragenen Brunnenschale und Triton mit an den Mund gehobener Muschel; nach dem Vorbild der Fontana del Tritone in Rom. 1689 von Joh. Leonhard Bromig geschaffen
Tugendbrunnen nördl. der Fassade von St. Lorenz	achtseitiges Sandsteinbecken und dreigeschossiger Bronzeaufbau mit reichem Figurenprogramm: sechs der sieben Haupttugenden, darüber Posaune blasende Nürnberger Wappen haltende Knaben und als Bekrönung die Gerechtigkeit mit dem Kranich als Sinnbild der Wachsamkeit; 1584–89 von Benedikt Wurzelbauer geschaffen

Die Burg

Die auf einem ostwestlich verlaufenden Sandsteinrücken über der Stadt gelegene Nürnberger Burg stand wohl am häufigsten von allen deutschen Burgen im Mittelpunkt der Reichsgeschichte. Zahlreiche Hof- und Reichstage wurden hier abgehalten, von 1050—1571 weilte jeder anerkannte deutsche König und Kaiser mehr oder weniger lang auf der Burg.
Die umfangreiche, eine Grundfläche von etwa 200 x 50 m einnehmende, geschichtlich keineswegs einheitliche Anlage besteht aus drei Gebäudekomplexen, der Kaiserburg mit ihren um Inneren Burghof und Vorhof gruppierten Bauten im Westen, den Resten der Burggrafenburg mit dem Fünfeckigen Turm und den Bauten der Reichsstadt im Osten (Kaiserstallung, Luginsland, Bastionen).
Unter den Saliern entstand im 11. Jahrhundert — wahrscheinlich über älteren Resten — auf dem östlichen Felsen eine Burg, der der Fünfeckige Turm als Bergfried diente und die, nach 1105 von den Grafen von Raabs verwaltet, allmählich erbliches Lehen der sog. Burggrafen wurde. Um 1138/40 errichtete Konrad III. auf dem westlichen, steil abfallenden Plateau des Burgfelsens eine neue Burg, die sog. Kaiserburg, die unter Friedrich Barbarossa durch Umbauten und Erweiterungen zur — 1183 als palatium bezeichneten — Kaiserpfalz ausgebaut wurde. Gegen die Burggrafenburg wurde sie durch eine Schildmauer mit dem runden, als Bergfried dienenden Sinwellturm in der Mitte abgeschirmt. Jenseits der 2. Quermauer bestand sie aus dem nach Osten vorgeschobenen sog. Heidenturm, dem Chor der Doppelkapelle, und dem Palas.
Seit 1313 bei Königsvakanz in der Obhut der Stadt, übernahm diese unter Kaiser Sigismund auch die bauliche Unterhaltung der ›Veste des Reichs‹. Dies bot die Möglichkeit, den ›kalten Krieg‹, den die Stadt mit den Hohenzollern, den Burggrafen, führte, zu verschärfen. Zwischen 1362 und 1377 ging sie daran, die Kaiserburg zur Burggrafenburg hin stark zu befestigen, 1377 auf eigenem Grund weiter im Osten den sog. Luginsland zu errichten, ›darumb, daß man in die Markgrafenburg möcht sehen‹. Es kam zu offenen kriegerischen Auseinandersetzungen, bei denen die Stadt 1388/89 die Burggrafenburg besetzte, die von den Hohenzollern schließlich 1427, nachdem sie 1420 niedergebrannt war, an die Stadt verkauft wurde.

Das 15. Jahrhundert brachte aber nicht nur einschneidende Veränderungen in den Besitzverhältnissen. Kaiser Friedrich III. ersetzte 1440—42 und 1487 den Palasbau Barbarossas bis auf die Kapelle durch einen spätgotischen Neubau, der nach Norden und Westen weiter ausgereift und der, in seinen Grundzügen dem staufischen Vorgänger folgend, als ein geschlossenes Ganzes mit völlig bebauter, steil aufragender Südseite eindrucksvoll aus der Stadt aufsteigt. 1494—95 errichtete die Stadt unter Leitung von Hans Beheim d. Ä. als ›Kornhaus auf der Vesten‹ die sog. Kaiserstallung, die bei Kaiserbesuchen als Marstall diente, und im 16. Jahrhundert ging sie daran, die Burg durch gewaltige Bastionen nach den Plänen des italienischen Festungsbaumeisters Antoni Fazuni zu verstärken und in das Verteidigungssystem der Stadt einzubeziehen. Trotzdem, und obwohl die Burg nun nicht mehr ihre alte Bedeutung hatte — 1543 fand der letzte Reichstag statt, nur vereinzelt kam es im 17. und 18. Jahrhundert noch zu Kaiserbesuchen — blieb sie Reichsbesitz bis sie zusammen mit Nürnberg 1806 bayerisch wurde.
Umfassende Restaurierungen, die 1934 die Veränderungen Heideloffs wieder rückgängig machten, nach 1945 die schweren Kriegsschäden beseitigten, ließen das ursprüngliche, durch zeitgenössische Darstellungen bekannte Bild einer der bedeutendsten deutschen Reichsburgen wieder neu erstehen.

Kaiserburg

Heiden- oder Margarethenturm Chorturm der Burgkapelle; quadratischer Bau aus sorgfältig behauenen Sandsteinquadern; am Obergeschoß romanische Bauplastik; in den unteren Teilen wohl um 1138/40, im übrigen 1170/80

Kapelle 1170/80; kunstgeschichtlich bedeutendstes, zugleich ältestes, unverändertes Baudenkmal der Burg; doppelgeschossig, mit Empore; die beiden übereinandergelegten, durch Öffnung des mittleren Jochs verbundenen Kapellenräume mit je vier Stützen: in der Unterkapelle gedrungen, mit reichen Würfelkapitellen; in der Oberkapelle leicht und schlank, aus hellem Marmor

Palas in seiner jetzigen Form Ergebnis mehrfacher Umbauten: ursprünglich romanisch (1170/80), 1440—42 unter Verwendung älterer Teile neu erbaut, 1487 und 1559/60 nach Westen verlängert; im Erdgeschoß sog. Rittersaal mit mächtigem, von 5 Säulen getragenem Unterzug; darüber Kaisersaal mit grünglasiertem Kachelofen (16. Jahrhundert); Empfangszimmer des Kaisers mit z. T. ergänzter Vertäfelung (15. Jahrhundert) und erneuerter Wappendecke (Original zerstört) von 1520; Wohnzimmer des Kaisers mit Adlerdecke (15. Jahrhundert) und Wandvertäfelung (1520), Kachelofen von 1611

Sinwell- oder Vestnerturm	wahrscheinlich 12. Jahrhundert; Bergfried der Kaiserburg; einziger mittelalterlicher Rundturm Nürnbergs
Tiefer Brunnen	im 14. Jahrhundert erstmals erwähnt, wahrscheinlich aber so alt wie die Burg; in einem Brunnenhaus von 1563 mit Fachwerkobergeschoß in der Mitte des Vorhofs
	ehem. Burggrafenburg
Fünfeckiger Turm	ältestes erhaltenes Bauwerk nicht nur der Burg, sondern der ganzen Stadt Nürnberg; möglicherweise noch von der salischen Königsburg des 11. Jahrhunderts; mit sorgfältig gearbeiteten Buckelquadern errichteter Viereckbau mit massiver dreiseitiger Verstärkung an der Angriffsseite
Walpurgiskapelle	ursprünglich romanische Chorturmkirche; 1420 weitgehend zerstört, gotisch wiederaufgebaut
	Reichsstädtische Bauten
Kaiserstallung	1494–95 von Hans Beheim d. Ä. als Kornspeicher errichtet; monumentaler Sandsteinbau mit spätgotischem Steildach
Luginsland	1377 zur Beobachtung der Burggrafenburg errichteter viereckiger Turm mit Spitzhelm und vier Erkern

Häuser und Höfe, Chörlein und Erker

Bis zum 2. Weltkrieg besaß Nürnberg eines der ungestörtesten, von Gotik und Renaissance geprägten Stadtbilder Deutschlands: seit der Romantik Inbegriff mittelalterlicher Stadtbaukunst, gepriesenes und geliebtes Sinnbild mittelalterlicher Kultur, mittelalterlichen Lebens.
Nach dem 2. Januar 1945 war die Altstadt zu 90 % zerstört, von den etwa 2800 historischen Gebäuden nur noch etwa ein Zehntel erhalten, auch

diese zehn Prozent meist stark beschädigt. Durch die Wiederherstellung der wenigstens in Resten erhaltenen Bausubstanz, der Beibehaltung der ursprünglichen Gliederung durch Straßen und Plätze und die sich in aller Regel einfügende moderne Architektur gelang es, der Altstadt wieder ein anziehendes, unverwechselbares Gesicht zu geben. Die Vielfalt des baulichen Reichtums der Stadt vor 1945, die bei aller Gebundenheit an reichsstädtische Bauvorschriften für uns Heutige nahezu unerhörte harmonische Lebendigkeit der Straßenbilder, entstanden aus der Einordnung von durchaus Eigenständigem in das Ganze, läßt sich jedoch nur mehr ahnen, aus wenigen erhaltenen Beispielen rekonstruieren.

Bis zur Mitte des 15. Jahrhunderts gab es in der Stadt neben den wenigen Turmhäusern aus Sandstein (Nassauer Haus!) nur Fachwerkhäuser. Die Anordnung der Hölzer war rein konstruktiv, Zierfachwerk kam kaum vor. Nach 1450 setzte sich — wegen der größeren Feuersicherheit vom Rat der Stadt gefördert — mehr und mehr der massive Bau aus rötlichem Burgsandstein durch. Wird zunächst nur das Erdgeschoß aus Sandsteinquadern errichtet — Weinstadel und Pilatushaus sind dafür besonders schöne Beispiele — so darf nach 1598 nur mehr das oberste Geschoß aus Fachwerk bestehen. 1622 wird das Fachwerk völlig verboten, nach 1686 allerdings in Ausnahmefällen wieder erlaubt.
Auch die Höhe der Häuser wurde durch den Rat begrenzt: nach einer Bauvorschrift von 1479 darf ein Fachwerkhaus bis zur Dachrinne 12,2 m hoch sein, ein Steinhaus 15,2 m; 1522 werden diese Maße auf 12,8 m bzw. 15,8 m erhöht. Da jedoch weder Mindesthöhe noch Stockwerkzahl, weder Breite noch Tiefe der Häuser festgelegt waren, blieb dem Einzelnen für den Bau seines Hauses ein weiter Spielraum, was dem Stadtbild sehr zu Gute kam.
Auch mit der endgültigen Etablierung des Sandsteinbaues bleibt die Hausform selbst unverändert. Die Häuser stehen mit der Traufseite zur Straße, sind in aller Regel glatt und einfach, jedoch ausgezeichnet durch profilierte Fenster- und Türumrahmungen. Reicher gegliedert ist höchstens der Giebel, bis zur Mitte des 16. Jahrhunderts eigentümlicherweise ausschließlich durch Backsteinlisenen, wie z. B. die Häuser Adlerstraße 14, Weinmarkt 2, der Rathaustrakt von 1332/40 oder die Mauthalle besonders eindrucksvoll zeigen.

Auffallend ist, daß die private wie die reichsstädtische Architektur den gleichen Grundsätzen folgt. Die nach außen gezeigte Zurückhaltung gehört dabei ebenso unabdingbar zum Wesen der Nürnberger Baukunst, wie die Beschränkung des Kleiderluxus oder das Verbot von zu üppigen Festen zum allgemeinen Leben der Reichsstadt. Die vom Rat der Stadt geforderte Schlichtheit wird in der Architektur nur in den seltensten Fällen durchbrochen, sei es im Zuge reichsstädtischer Repräsentation oder durch einzelne in bewußter Konfrontation. Das wohl großartigste Beispiel einer derartigen, den Rahmen der Nürnberger Architektur sprengenden Selbstdarstellung war das Haus, das sich der 1581 zugewanderte, rasch zu größtem Reichtum gekommene, aber nach den strengen Prinzipien des Nürnberger Stadtregiments eben doch immer ein Emporkömmling ohne politischen Einfluß bleibende Martin Peller nach zahlreichen Streitereien mit dem Rat der Stadt am Egidienberg errichten ließ. Doch auch dieses 1602—07 entstandene sog. Pellerhaus folgte, von seiner prunkenden (1945 zerstörten) Fassade und dem allgemeinen Reichtum der Ausgestaltung abgesehen, durchaus nürnbergischen Gepflogenheiten. Wie zumindest jedes größere Nürnberger Haus besitzt auch das Pellerhaus einen Innenhof, besteht es aus Vorder- und Rückgebäude. Verhältnismäßig spät — nach 1538 werden in den Höfen offene Galerien mit Maßwerk- oder Balustergeländern aus Holz üblich — wird hier noch eine gotisierende Laubenarchitektur aus Stein mit Säulen, Maßwerkbrüstungen und Treppenturm eingebaut. Wenn auch nicht unversehrt ist damit doch neben dem 1509—11 errichteten, z. T. wiederhergestellten Welserhof wenigstens ein zweites Beispiel der steinernen Hofarchitektur erhalten, nachdem 1962 ein dritter, der älteste, 1498 datierte steinerne Arkadenhof im Haus Adlerstraße 19/21 beim Bau eines Bankhauses abgebrochen wurde.

Boten die Arkaden und Höfe nach innen einen verhältnismäßig weiten Spielraum zur Auflockerung der strengen, vor allem sachlichen Gesichtspunkten folgenden Nürnberger Bauten, so dienten im Äußeren Chörlein und Erker zum Schmuck der blockhaften Wucht des nürnbergischen Sandsteinhauses. Chörlein und Erker werden zu den beliebtesten, den typischen Bauelementen der Nürnberger Architektur. Während die Chörlein immer, wenn auch häufig nur aufgesetzt wirkender Teil der Fassade sind, beschränkt sich im Nürnberger Sprachgebrauch das Wort ›Erker‹ auf Dachausbauten.

In den frühesten erhaltenen Beispielen Nürnberger Chörlein, den steinernen, maßwerkgeschmückten Chörlein am alten Rathaus, am Nassauer Haus oder, besonders deutlich, am Sebalder Pfarrhof, ist die ursprüngliche Verwendung als aus dem übrigen Architekturverband hinaustretenden Altarraum noch deutlich erkennbar. Die vom 15., 16. Jahrhundert an entstehenden, den Stilwechsel aller Epochen mitmachenden typisch nürnbergischen Chörlein — zunächst aus Stein, später fast durchwegs aus Holz — haben jedoch von Anfang an eine ganz andere Funktion. Sie dienen geruhsamer Beschaulichkeit — 1599 beantragte ein Bürger eine ›Außladung zu einem Faulbettlein‹ —, vor allem aber dem Vergnügen, selbst ungesehen, das Leben und Treiben auf der Straße beobachten zu können. Die Erker, deren Anbringung im Dach schon das Nürnberger Gesetzbuch von 1479 ausdrücklich erlaubte, waren zunächst Aufzugserker mit offener, oder nur durch Holzläden verschließbarer Luke. Daneben trat von der Zeit von 1600 an der Ziererker der ›dem Hauß ein schönes ansehen geben thete‹, und dessen zu reiche Ausgestaltung der Rat der Stadt mit Verboten der ‚hoffärtigen Erckhern' zu unterbinden suchte. Viel seltener als die in die Dachfläche eingebauten Erker sind die sog. Firsterker, von denen das Pilatushaus ein besonders schönes Beispiel zeigt, und die Ecktürmchen, wie sie z. B. das Nassauer Haus oder auch das ehemalige Bestelmeyersche Haus, Winklerstraße 37, aufweisen.
Neben die Chörlein und Erker traten als Schmuck des Nürnberger Hauses die Hausfiguren und Hauszeichen, deren Zahl leider nicht nur durch den Krieg sehr dezimiert wurde. Von den etwa 50 vor dem 2. Weltkrieg noch an Ort und Stelle stehenden Hausfiguren und den etwa 100 Hauszeichen (Wappen, Handwerkssymbole, sonstige kleine Reliefs mit Tierdarstellungen usw.) ist nur mehr eine verschwindend geringe Anzahl vorhanden.
Das Bild Nürnbergs wie es vor 1945 war ist unwiederbringlich. Verloren sind neben ganzen Straßenzügen u. a. der großartige Fachwerkbau des 1489 entstandenen Grolandhauses; der turmartige 1590—97 von Jakob Wolff d. Ä. errichtete Renaissancebau des Toplerhauses; die Fassade des Pellerhauses; das alte, schon im 14. Jahrhundert bestehende Bratwurstglöcklein an der Moritzkapelle; die Wohnhäuser von Hans Sachs, Peter Vischer und Veit Stoß.
Noch immer aber bewahrt die Stadt einen zu leicht übersehenen Reichtum an wertvoller alter Bausubstanz, gerade auch an schlichten, einfachen

Bürgerhäusern. Ihre Erhaltung und Wiederherstellung, für die sich der Verein der Nürnberger Altstadtfreunde auf vorbildliche Weise einsetzt, ist für das Gesamtbild der Stadt ebenso wichtig wie die Akzente setzenden großen Bauten von Kirche und Kommune. Vor allem im Bereich unterhalb der Burg konnten zum Beispiel eine Reihe der ursprünglich nicht eingeputzten Fachwerkhäuser des 15. und 16. Jahrhunderts wieder freigelegt werden (u. a. Albrecht-Dürer-Straße 32, Untere Krämersgasse 18, Obere Wörthstraße 21), die einen interessanten Einblick geben in den Baubestand der damaligen Zeit. Die folgende alphabetische Zusammenstellung von Häusern und Höfen, von Chörlein und Erkern kann nur einen knappen Überblick geben.

Häuser

Adlerstraße	zwar nicht mehr völlig einheitlich, doch interessantes Straßenbild mit Häusern aus der Gotik bis zum Rokoko, mit Fachwerk und Sandstein, Giebel (Haus Nr. 14 und 16), Chörlein und Erker
Baumeisterhaus Bauhof 9	1615 von Jakob Wolff d. J. als Amtsgebäude des Stadtbaumeisters errichtet; dreigeschossiger Sandsteinquaderbau mit rustizierten Ecken und Rustikasockel; Satteldach mit beidseitigen Zwerchgiebeln; Saal im Erdgeschoß mit Stuckdecke aus dem späten 17. Jahrhundert
Dürer-Haus Albrecht-Dürer-Straße 39	wahrscheinlich nach der Mitte des 15. Jahrhunderts erbaut; 1509 von Albrecht Dürer für 275 Gulden erworben und bis zu seinem Tod bewohnt; viergeschossiges Eckhaus mit zwei massiven Untergeschossen und zwei Fachwerkobergeschossen; Krüppelwalmdach mit vorkragender Holzlaube; innen z. T. ursprünglich (Küche!)
Fembohaus Burgstraße 15	1591–96 für den niederländischen Seidenhändler Ph. v. Oyrl errichtet; Eigentum verschiedener Patriziergeschlechter, im 18. Jahrhundert der Landkartenoffizin Homann; heute Stadtmuseum; typische Nürnberger Hausanlage mit Vorder- und Rückgebäude, Seitenflügeln und Innenhof; viergeschossiger Sandsteinquaderbau mit hohem und reich gestaltetem Volutengiebel, Dacherker und Holzgalerien im Hof; einziges, völlig erhaltenes repräsentatives Bürgerhaus der Spätrenaissance; z. T. ursprüngliche Raumausstattung
Heilig-Geist-Spital Spitalgasse 12–14 Vordere Insel Schütt 2a	von Konrad Groß gestiftet; 1332–39 erbaut, ab 1489 erweitert; die den Fluß überspannenden sog. Wasserbauten, die ›Sude‹ und der ›Bau‹ wegen Baumängel 1506 abgebrochen und nach dem Plan von Hans Beheim d. Ä. 1511–27

neu erbaut; umfangreicher Gebäudekomplex aus Sandsteinquadern; ›Bau‹: dreigeschossig einen Innenhof mit Wandelgängen umgebend, im nördlichen Teil eine zweischiffige Halle bildend; ›Sude‹: mit dem ›Bau‹ durch einen Zwischentrakt verbundener, den Fluß in zwei Bögen überspannender zweigeschossiger Sandsteinquaderbau mit hohem Satteldach und wappengeschmücktem, bis ins Dach durchlaufenden Chörlein

Herrenschießhaus Am Sand 8 — 1582–83 von Hans Dietmair erbaut; dreigeschossiger Sandsteinquaderbau mit profilierten Rundbogenfenstern, dreigeschossigem Renaissancegiebel und hölzernen Ziererkern

Spielzeugmuseum Karlstraße 13 — wahrscheinlich von Jakob Wolff d. Ä. Anfang des 17. Jahrhundert erbautes, ursprünglich dreiflügeliges Eckhaus mit kleinem Innenhof; dreigeschossige Sandsteinfassade mit reichem, dreigeschossigem Giebel; Holzchörlein um 1710/20; im Inneren modern verändert, nur in einem Raum Stuckdecke um 1710/20

Mauthalle Hallplatz 2 — 1489–1502 von Hans Beheim d. Ä. als städtisches Kornhaus errichtet; ab 1572 Zollamt (= Maut); 1945 völlig ausgebrannt, Wiederaufbau 1951–53; langgestreckter, monumental wirkender, 20 x 80 m großer Sandsteinquaderbau mit fünfgeschossigem Satteldach (einschließlich des Kellers 10 Geschosse) und fünfgeschossigem Aufzugserker (urprünglich Fachwerk); reiches Netzwerk sich durchdringender Kielbogenblenden aus Backstein im Ostgiebel; im Innern nur die dreischiffige, kreuzgratgewölbte Halle des Kellers erhalten

Maxplatz 34 — ursprünglich großes Anwesen, im 17. Jahrhundert im Besitz der Patrizierfamilie Welser; nach den Kriegszerstörungen nur die Rückgebäude von 1682 erhalten; der im Westflügel gelegene kleine Gartensaal gilt als einer der bedeutendsten Räume der Barockzeit in Nürnberg

ehem. Melanchthon-Gymnasium Egidienplatz 10 — Neubau von Joh. Trost 1697–99; dreiflügeliger, zweigeschossiger verputzter Bau mit Mansardendach und bis ins Dach durchlaufendem Mittelrisalit

Nassauer Haus Karolinenstraße 2 — Unterbau 13. Jahrhundert., Obergeschosse 1. Hälfte 15. Jahrhundert; turmartiger fünfgeschossiger Sandsteinquaderbau mit Pyramidendach, Zinnengeschoß mit achtseitigen Ecktürmchen und maßwerkgeschmücktem, reliefverziertem Chörlein; das einzige erhaltene mittelalterliche Turmhaus

Obere Wörthstraße — das wohl beste Beispiel eines noch erhaltenen typisch nürnbergischen Straßenzugs mit dem Wechsel von Fachwerk- und Sandsteinhäusern, mit Chörlein und Erkern

Pellerhaus Egidienplatz 23 — für Martin Peller errichtet; Vorderhaus 1602–05 nach Plänen von Jakob Wolff d. Ä., Rückgebäude mit 2 Flügeln und Innenhof 1605–07 unter Leitung von Matthes Herdegen; großartigster Bau der Spätrenaissance unter allen Nürnberger Bürgerhäusern; 1945 weitgehend zerstört, nur z. T. wiederaufgebaut; erhalten dreischiffige Erdgeschoßhalle mit nachgotischem Sterngewölbe, Treppenturm und Teile der Arkadengänge des Hofes; jetzt Stadtarchiv und Stadtbibliothek.

Pilatushaus, Haus zum geharnischten Mann Obere Schmiedgasse 64/66	1489 für den Plattner (= Harnischmacher) Hans Grünwald errichtet; Erdgeschoß aus Sandsteinquadern, 3 Fachwerkgeschosse, vorkragender dreigeschossiger Fachwerkgiebel mit sog. Firsterker (vor 1608)
Rathaus Rathausplatz 2	umfangreiche Gebäudegruppe der Gotik, Spätgotik und Renaissance mit zwei Innenhöfen; ältester Teil der 1332–40 entstandene Saalbau: verputzter Ziegelbau mit steifem, gestaffeltem Ziergiebel, Maßwerkfenstern und einfachem Sandsteinchörlein; nördlich anschließend der sog. Ratsstubenbau mit reicher Maß- und Stabwerkfassade nach Osten, 1514–15 durch Hans Beheim d. Ä. errichtet; westlicher Trakt und Pfeilerhallen des Hofes 1616–22 durch Jakob Wolff d. J.: großartige dreigeschossige Fassade mit drei Portalen (Figurenschmuck von Chr. Jamnitzer und L. Kern) und drei Pavillonaufbauten; Innenausstattung nach Kriegsschäden nur z. T. erhalten
Tuchersches Gartenhaus sog. Tucherschlößchen Hirschelgasse 11	1533–44 für Lorenz Tucher als Gartenschlößchen erbaut; nach Kriegszerstörung wiederhergestellt; dreigeschossiger Sandsteinquaderbau mit rundem, von zwei Trabantentürmchen flankiertem Treppenturm; reliefgeschmücktes Sandsteinchörlein
Unschlitthaus Obere Wörthstraße 26 und Unschlittplatz 7a	1490–91 von Hans Beheim d. Ä. als Kornspeicher errichtet; nach 1562 Sitz des städtischen Unschlittamtes (Sammelstelle für Talg = Unschlitt); Sandsteinquaderbau mit hohem Satteldach und zahlreichen Schleppgauben, südliche Fassade mit Treppengiebel
Weinstadel Maxplatz 8	1446–48 als Sondersiechenhaus errichtet, ab 1528 Weinlager; 48 m langer dreigeschossiger Bau mit Satteldach; Erdgeschoß aus Sandsteinquadern; zwei vorkragende Fachwerkobergeschosse; im Giebel drei Fachwerkgeschosse; an der Wasserfront Holzgalerien
Weißgerbergasse	Beispiel einer verhältnismäßig gut erhaltenen Straße von Handwerkshäusern mit Fachwerk- und Sandsteinbauten, Chörlein und Erkern
Zeughaus Pfannenschmiedsgasse 24	1588 von Hans Dietmair als Eingangstrakt des damaligen umfangreichen Zeughauses erbaut; 1945 ausgebrannt, 1954–55 wiederhergestellt; Sandsteinquaderbau mit rustizierter, von zwei mächtigen halbrunden Türmen flankierter Front

Höfe

Albrecht-Dürer-Str. 11	kleiner Hof, an der Ost- und Nordseite zweigeschossige Holzgalerien mit toskanischen Säulen und Balusterbrüstungen, Anfang 17. Jahrhundert.
Augustinerstraße 5	Lichthof mit Holzgalerien – Balusterbrüstungen und ornamentierte Stichbögen zwischen z. T. kannelierten, toskanischen Ecksäulen – und polygonalem Fachwerktreppenturm, Mitte 16. Jahrhundert
Burgstraße 15 Fembohaus	schmaler, aber tiefer Hof mit einseitiger, dreigeschossiger Holzgalerie; untere Galerie auf ornamentierten Wandstreben, die oberen auf schlanken Holzsäulen; einfache Balusterbrüstungen; spätes 16. Jahrhundert
Egidienplatz 23 Pellerhaus	nach Kriegszerstörung 1945 nur z. T. erhaltener Innenhof; 1505–07 unter Verwendung älterer Bauteile von Matthes Heerdegen aus rötlichem Sandstein errichtet; vierseitig von weiten, profilierten Rundarkaden über Oktogonpfeilern mit Volutenkapitellen umschlossen; die außergewöhnlich reich ausgestalteten Arkadengänge der Obergeschosse mit durchbrochenen Maßwerkbrüstungen und chörleinartigen, dreiseitigen Auskragungen
Füll 6	Hofanlage des späten 15. Jahrhunderts, im 17. Jahrhundert verändert; westliche Hofseite mit zweigeschossiger, ursprünglich offener, nach 1945 geschlossener Holzgalerie; toskanische, kannelierte Stützsäulen über Volutenkonsolen; Brüstungen mit nachgotischem, durchbrochenem Maßwerk aus dem 17. Jahrhundert
Füll 8	vierseitige Hofanlage mit einfachen Holzgalerien an der Westseite und Balustergalerie an der Südseite; 18. Jahrhundert
Obere Wörthstraße 21	vierseitiger Hof; Holzgalerien mit Balusterbrüstungen zwischen korinthischen Stützen; 17. Jahrhundert
Rathausplatz 2 Rathaus	kleiner Hof: sehr kleiner, rechteckiger Hof im Ratsstubenbau von Hans Beheim d. Ä.; rechteckiger Sandsteinerker mit reicher Maßwerkbrüstung über doppelbogiger Zufahrt; jetzt dort Beginn der Führungen durch die mittelalterlichen Lochgefängnisse; großer Hof: Schöpfung des Jakob Wolff von 1617; vierseitig über geschlossenem Erdgeschoß mit Rundbogenportalen und Fenstern doppelte Reihe von Pfeilerarkaden mit vorgeblendeten toskanischen Säulen und kräftigen Balusterbrüstungen; Dachgesims mit Triglyphenfries; Puttenbrunnen des Pankraz Labenwolf 1549–57

Theresienstraße 7 Welserhaus, ehem. Haus zur Goldenen Rose	für Jakob Welser 1509–12 wohl von Hans Beheim d. Ä. errichtet; 1945 weitgehend zerstört; Wiederaufbau des ursprünglich an drei Seiten mit Steingalerien umgebenen Innenhofs nach 1961: im Süden und Westen dreigeschossige Arkadengänge mit schlanken Rundpfeilern und reichen Maßwerkbrüstungen; im Westen dreiseitig vortretender offener Treppenturm; die schon immer geschlossene Nordseite aus der Zeit um 1550–60 mit Wappen geschmücktem Chörlein und Brunnen
Vordere Insel Schütt 2a Heilig-Geist-Spital	sog. Kreuzigungshof; von Hans Beheim d. Ä. 1511–27 über der Pegnitz errichtet; nach Kriegszerstörung wiederhergstellt; geräumiger, von zwei Längstrakten, einem nördlichen Hallenbau und einer südlichen Stirnmauer gebildeter Innenhof; Wandelgänge und Halle im Erdgeschoß mit weiten, auf Rundpfeilern ruhenden Spitzbogenarkaden gegen den Hof geöffnet; nur im Obergeschoß Holzgalerien; an der Südwand des Hallenbaues seit 1904 Kreuzigungsgruppe von Adam Krafft
Weinmarkt 2	kleiner Innenhof zwischen Haus Weinmarkt 2 und Haus Füll 3; an der Nord- und Westseite zweigeschossige, in der Ecke auskragende Holzgalerien mit schlanken Säulen und reichen durchbrochenen Maßwerkbrüstungen (Kreise mit eingeschriebenen Fischblasenmotiven); um 1600
Weinmarkt 6	ehem. Praun'sches Anwesen zusammen mit Füll 7 dreiseitig einen kleinen Innenhof umgebend; an der West- und Südseite Holzgalerien und Treppenaufgang von 1617 mit toskanischen Säulen und durchbrochenen Maßwerkbrüstungen in Fischblasen- und Kielbogenformen; nach Renovierung einer der schönsten Höfe der Stadt
Weißgerbergasse 23	vierflügeliger Bau aus der 2. Hälfte des 16. Jahrhunderts mit zwei bzw. viergeschossigen Fachwerkwänden zum Hof; Holzgalerien mit Balusterbrüstungen und offener Spindeltreppe
Winklerstraße 13	ursprünglich zwei Höfe, der zweite kriegszerstört; im ersten Hof dreigeschossige Holzgalerien der Zeit um 1600 mit (nur z. T. erhaltenen) Brüstungen aus kräftigen Balustern und Rahmenstuck von 1718 an den Decken der Gänge; achteckiger verputzter Treppenturm mit alter Spindeltreppe
Winklerstraße 31	Pfarrhaus zu Unserer Lieben Frau, ehem. Kaufmannshaus ›Zur Lilie‹ sehr kleiner Hof mit Steinmetzarbeiten an der Nord- und Westseite; dat. 1519; über Bogenstellungen und offener Treppe Maßwerkgalerien und flache, durch steinernes Maßwerk verzierte Decken; darüber Holzgalerien mit Maßwerk; im Norden dritte Galerie mit einfachen Holzbalustern (spätes 16. Jahrhundert)

Chörlein

Adlerstraße 16	geschwungenes Holzchörlein aus der Mitte des 18. Jahrhunderts mit reicher Schnitzerei im Segmentgiebel und an der Brüstung
Adlerstraße 21	geschwungenes Holzchörlein mit reichstem Rocailledekor; um 1750
Adlerstraße 28	zwei Holzchörlein mit Akanthuskonsolen, ornamentierter Brüstung, korinthischen Pilastern und Segmentgiebel; rechtes Chörlein um 1700–10, linkes Kopie
Albrecht-Dürer-Platz 1 Sebalder Pfarrhof	an der Ostfassade das sog. Sebalder Chörlein (Original im Germanischen Nationalmuseum); wenn auch nicht typisch, so doch das reichste unter allen Nürnberger Chörlein; geschaffen um 1370 von der Werkstatt des Sebalder Ostchors; über polygonalem, bis zum Boden reichendem Schaft mit Maßwerkblenden das Polygon des eigentlichen Chörleins mit dreiteiligen Maßwerkfenstern; an den Brüstungen Reliefs aus dem Marienleben, in den Fensterzwickeln Propheten an der südlichen Gartenseite breites rechteckiges Sandsteinchörlein mit drei Fenstern über spätgotischem Maßwerk, um 1480 an der Nordseite das wiederhergestellte sog. ›Pfinzing-Chörlein‹; rechteckiges Steinchörlein über maßwerkverzierter Konsole mit zwei gekehlten Fenstern, Wappenbrüstung und Lorbeergirlanden, um 1514
Albrecht-Dürer-Str. 11	geschwungenes Holzchörlein mit Volutenkonsolen, gegliederter Brüstung, Pilastern und Segmentgiebel, zum Teil reich geschnitzt; um 1730
Burgstraße 15 Fembohaus	rechteckiges Steinchörlein über Muschelkonsole, mit gefelderter Brüstung, kannelierten Pilastern und gesprengtem Giebel mit Büste, Ende 16. Jahrhundert
Burgstraße 17	rechteckiges Holzchörlein mit gefelderter Brüstung, Pilastern und Segmentgiebel, um 1700
Füll 8	geschwungenes Holzchörlein über Muschelkonsole; mit Kompositpilastern und Kuppeldach (ursprünglich Baldachin); am Gebälk Ehewappen Grundherr-Oelhafen, um 1750
Grasersgasse 18	ursprünglich am Haus Theresienstraße 11, 1892 an der damaligen Bibliothek des Germanischen Nationalmuseums eingebaut; hohes, doppelgeschossiges und dreiseitiges Steinchörlein über reich gestalteter Volutenkonsole; in den Brüstungen Meerjungfrauen, Masken und Knorpelwerk; um 1650

Hirschelgasse 1 sog. Tucherschlößchen	rechteckiges Steinchörlein von 1533 über gestufter Konsole mit Elefantendarstellung; Rundbogenfenster mit eingestellter Mittelsäule und Dreiecksgiebel; an der Brüstung Relief des Sündenfalls, im Giebel geflügelter Engelskopf
Irrerstraße 2	Holzchörlein mit dreiteiliger z. T. geschnitzter Konsole, Pilastern und Segmentgiebel; um 1710
Josephsplatz 32	Holzchörlein mit ionischen Pilastern und Segmentgiebel, spätes 17. Jahrhundert
Karlstraße 13 Spielzeugmuseum	rechteckiges Holzchörlein mit Pilastern und Segmentgiebel; im Giebelfeld Palmetten, an der Konsole Laub- und Bandelwerk; um 1710–20
Karolinenstraße 2 Nassauer Haus	polygonales Steinchörlein über reich profilierter Konsole, mit wimperggekrönten Fenstern, Kranzgesims und hoher Laterne; an der Brüstung Reliefs mit Propheten und Szenen aus dem Marienleben; 1421–37
Lammsgasse 8	rechteckiges Holzchörlein mit geschnitzten Konsolen, Kompositpilastern und Dreiecksgiebel, um 1710–20
Ludwigstraße 64	rechteckiges Holzchörlein mit Akanthuskonsolen, Kompositpilastern, Segmentgiebel und Laubwerkschnitzereien, um 1710–20
Nadlersgasse 27	rechteckiges Steinchörlein; Konsole mit Zahnschnitt und Eierstab, Brüstung mit Volutenkartusche und Palmetten, einfache Pilaster; bezeichnet 1668
Obere Wörthstraße 18	dreiseitiges Steinchörlein mit Volutenkonsolen und kannelierten Säulen; an der Brüstung Doppeladler und Maskenreliefs; seitlich Voluten; um 1660
Radbrunnengasse 2	rechteckiges Holzchörlein über Volutenkonsolen; geschnitzter Segmentgiebel mit Palmetten und farbig gefaßtem Stadtwappen; um 1710–20
Radbrunnengasse 8	ursprünglich Winklerstraße 35; rechteckiges, leicht gerundetes Holzchörlein mit reichen Rocailleschnitzereien auf der Brüstung, Pilastern und lebhaft geschwungener Haube; um 1750
Rathausplatz 2 Rathaus	Trakt von 1332–40: zur Rathausgasse einfaches dreiseitiges Sandsteinchörlein (wiederhergestellt) Trakt von 1514–15 (Ratsstubenbau von Hans Beheim d. Ä.): rechteckiges Steinchörlein mit reichem Blendmaßwerk in den Brüstungen

Rathausgasse 6	Sandsteinchörlein vom ehem. Bratwurströslein; rechteckig, mit Blendmaßwerk; Fenster mit Halbsäulen; profilierte Bedachung
Theatergasse 13	rechteckiges Holzchörlein mit Volutenkonsolen, korinthischen Pilastern und Segmentgiebel, um 1700–10
Theresienstraße 7 sog. Welserhaus	ehemaliges Haus zur Goldenen Rose; im Hof flaches, rechteckiges Steinchörlein über Konsolen mit Welserschem Wappen an der Brüstung, um 1560–70
Vordere Insel Schütt 2a Heilig-Geist-Spital	an der westlichen Wasserfront der sog. Sude eine Art dreiachsiges Steinchörlein mit Kleeblattgesims und Nürnberger Stadtwappen zu Seiten der Taube des Hl. Geistes; vom Fluß bis zum Dach aufsteigend, dort in der Art eines Erkers mit Fachwerk und polygonalem Spitzhelm endigend; 16. Jahrhundert
Vordere Ledergasse 2	geschwungenes Holzchörlein mit Rahmenbrüstung, Kompositpilastern und Laubwerkschnitzerei, um 1730–40
Weinmarkt 2	geschweiftes Holzchörlein mit Kompositpilastern über kelchförmiger Konsole und reicher Schnitzerei, um 1740
Weinmarkt 6	ehem. Praunsches Haus; rechteckiges, leicht geschwungenes Holzchörlein mit Pilastern und Segmentgiebel, um 1730
Weintraubengasse 6	rechteckiges Holzchörlein mit gedrehten Ecksäulchen und Kuppeldach; Konsole mit Masken und Knorpelwerk; seitlich Akanthus mit Putten; um 1680 (ältestes erhaltenes Holzchörlein)
Weißgerbergasse 25	Holzchörlein mit Kompositpilastern, gesprengtem Segmentgiebel und Akanthusschnitzerei über Volutenkonsolen; um 1690
Winklerstraße 37	rechteckiges Holzchörlein über Volutenkonsolen mit muschelförmigem Zwischenstück; mit geschnitztem Muschelwerk im Segmentgiebel; um 1700

Erker

Am Sand 8 Herrenschießhaus	an der Nordseite des Hauses gegen den Schießgarten; großer Ziererker mit vier Fenstern zwischen Pilastern, reichen Schnitzereien auf Brüstung und Architrav und stark eingezogenem Spitzdach; 1582

Adlerstraße 21	großer, zugleich schönster barocker Ziererker; mit seitlichen Voluten und gesprengtem, volutengeschmücktem Giebel; reichste Rocailleschnitzereien; um 1750; umgeben von vier kleineren, einfacheren Erkern der gleichen Zeit
Albrecht-Dürer-Str. 17	sog. Jamnitzerhaus; Haupterker mit reich geschnitzer Fachwerkbrüstung, ionischer Säulenordnung und Dreiecksgiebel; um 1570
Augustinerstraße 7	Aufzugserker mit einfacher Fachwerkbrüstung, kannelierten toskanischen Pilastern und reich profiliertem Kranzgesims; um 1580
Burgstraße 15 Fembohaus	besonders reicher Ziererker mit rundbogigen Fenstern zwischen kannelierten Säulen; reiche Schnitzereien an der Brüstung und dem breiten Architrav; eingezogener, kugelgekrönter Spitzhelm; 1591–96
Füll	die Straße mit dem wohl reichsten und besonders qualitätvollen Bestand an Erkern
Füll 5	besonders reich gestalteter Aufzugserker mit von Halbsäulen flankierter ehemaliger Luke; reiche Schnitzereien an den Holzteilen der Fachwerkbrüstung, am Gesims der Bedachung und an der Unterseite der Aufzugsplatte; 1551
Füll 6	Ziererker mit vier Rundbogenfenstern zwischen kannelierten Säulen; Volutenkonsolen und geschnitztes Fischblasenmaßwerk in den Brüstungen; leicht eingezogener Spitzhelm; frühes 17. Jahrhundert; gegen den Hof schöner Aufzugserker mit einfachen Pilastern, durch Voluten nach oben abgeschlossener Luke, durchbrochener Maßwerkbrüstung und reich profiliertem Gesims unter dem kleinen Spitzhelm der Bedachung; um 1600
Füll 7	Aufzugserker mit ionisierenden Halbsäulen, geschnitzter Fachwerkbrüstung und geschnitzten Rosetten mit Praunschem Wappen an der Aufzugsplatte; bez. 1556
Füll 8	am Rückgebäude; Aufzugserker mit kannelierten Pilastern, reich gearbeitetem, profiliertem Gesims und zarten Schnitzereien um die Jahreszahl 1574 unterhalb der Fachwerkbrüstung
Füll 9	Aufzugserker mit kräftigen Rundsäulen über Volutenkonsolen und geschnitztem Maßwerk in der Brüstung; um 1600
Innere Laufergasse 11	großer stichbogiger Aufzugserker mit einfacher Fachwerkbrüstung, angedeuteten ionischen Halbsäulen und profiliertem Kranzgesims; 2. Hälfte 16. Jahrhundert

Irrerstraße 3	Aufzugserker mit toskanischen Säulchen über blattverzierten Volutenkonsolen; spätes 16. Jahrhundert
Karolinenstraße 2 Nassauer Haus	auskragende, steinerne, polygonale Ecktürmchen über profilierten Konsolen mit reliefgeschmückten (Wappen und St. Lorenz) Brüstungen; Spitzhelme; 1. Hälfte 15. Jahrhundert
Lammsgasse 12	am Rückgebäude besonders schöner Aufzugserker mit von ionischen Halbsäulen flankierter ehemaliger Luke, profilierter Aufzugsplatte und reichen Schnitzereien an allen, auch den seitlichen Holzteilen des Fachwerks; bez. 1560
Ob. Schmiedgasse 64/66 Pilatushaus, Haus zum geharnischten Mann	oktogonaler Fachwerkfirsterker mit Zeltdach; um 1530
Obere Wörthstraße	fast an jedem Haus Erker des 17. Jahrhunderts; besonders schön Nr. 17 Rückseite; mit toskanischen Pilastern und reichem Gesims; Nr. 17 westlicher Erker mit kannelierten Halbsäulen über Volutenkonsolen, Maßwerkbrüstung in Fischblasenform; Nr. 19 mit toskanischen Halbsäulen über Volutenkonsolen, Maßwerkbrüstung und reich gestaltetem Kranzgesims
Schlehengasse 21	großer Aufzugserker mit einfachen Säulen, Maßwerkbrüstung in Fischblasenform, Aufzugsplatte mit Zahnschnittgesims und Schopfwalm; um 1580
Schlotfegergasse 7/9	großer Aufzugserker mit reich geschnitzter Fachwerkbrüstung und Schopfwalm; bez. 1564
Weinmarkt 4	Aufzugserker mit einfachen Pilastern, rundbogiger ehemaliger Luke, profiliertem Gesims und Maßwerkbrüstung; um 1590
Winklerstraße 31	Pfarrhaus zu Unserer Lieben Frau; Ziererker mit zwei Rundbogenöffnungen zwischen kräftigen, korinthischen Säulen, einfacher Brüstung mit gekröpftem Gesims und Dreiecksgiebel; bez. 1525, genaue Nachbildung von 1903
Winklerstraße 37	polygonales Erkertürmchen aus Sandstein an der Nordostecke des Hauses; mit reich profilierter Konsole, Blendmaßwerk in den Brüstungen, gekehlten Fenstern und Kleeblattfries unter dem leicht eingezogenen Spitzhelm des Daches; 1482 (?)

Kirchen

Allerheiligenkapelle des ehem. Landauerschen Zwölfbrüderhauses	Zu Beginn des 16. Jahrhunderts stiftete Matthäus Landauer für alte Handwerker das Zwölfbrüderhaus am Laufer Schlagturm; die 1506—07 von Hans Beheim d. Ä. erbaute Kapelle, eine dreischiffige, nahezu quadratische Halle mit durch freihängende Rippen ausgezeichnetem Gewölbe, 1945 fast völlig zerstört; 1956—57 wiederhergestellt.
St. Egidien	Gebäudegruppe mit mehreren Kapellen auf dem Grund des frühmittelalterlichen Wirtschaftshofes der Burg mit königlicher Eigenkirche; unter Konrad III (1138—42) Gründung eines Schottenklosters; Hauptbau: um 1150 Errichtung einer großen, romanischen Klosterkirche: dreischiffige Pfeilerbasilika mit Querschiff, Chor und Doppelturmfassade im Westen; 1696 durch Brand zerstört; unter Verwendung erhaltener Bausubstanz von Johann und Gottlieb Trost mit monumentaler zweitürmiger Westfassade wieder aufgebaut; an das Oval des Langhauses schließen sich Querschiff und tiefer Chor; ursprünglich reiche Stuckierung von Donato Polli; 1945 stark beschädigt; in z. T. abgewandelter Form (Chor, Stuck) wieder aufgebaut; Wolfgangskapelle: ursprünglich ältester Teil; vor 1120, möglicherweise noch 11. Jahrhundert; Anfang des 18. Jahrhunderts völlig verändert Euchariuskapelle: wohl 1120—30 als königliche Eigenkirche, die erste Egidienkapelle, erbaut; einschiffig, flachgedeckt mit Apsis; um 1220—30 Umbau zur jetzigen zweischiffigen Anlage mit Kreuzrippengewölbe und schönen Kapitellen; um 1350 Abbruch der Apsis und Anbau der Tetzelkapelle an Stelle des Chors; verputzter Sandsteinquaderbau, einjochig mit 5/8 Schluß; in der Tetzelkapelle Landauersches Epitaph von Adam Krafft mit der Krönung Mariens, bez. 1503; in der Euchariuskapelle Flügelreliefs mit Verkündigung Mariens, Werkstatt Veit Stoß, 1514
St. Elisabeth	seit etwa 1220 Deutschordens-Hospital zur Hl. Elisabeth außerhalb der Stadtmauer beim Weißen Turm mit eigener Kirche, das die Reformation als kath. Enklave übersteht; jetzige Kirche als barocker Neubau 1784 von Franz Ignaz Michael Neumann begonnen, 1785—88 zunächst von Peter Anton v. Verschaffelt, dann von Wilhelm Ferdinand Lipper jeweils nach eigenen Plänen weitergeführt; das zunächst unvollendete Innere erst 1902—03 fertiggestellt; 1947—50 nach Kriegszerstörung Bau einer neuen Kuppel; klassizistischer Zentralbau mit kreisrundem, überwölbtem Innenraum umstellt von 16 korinthischen Freisäulen.

Frauenkirche

Nach 1349 auf Anregung Kaiser Karls IV. an der Stelle des niedergelegten Juden-Ghettos zusammen mit der Anlage von Obst- und Hauptmarkt begonnen; 1355 zur kaiserlichen Hofkirche bestimmt und dem Prager Chorherrenstift der Augustiner unterstellt; spätestens 1358 vollendet; älteste Hallenkirche Frankens mit deutlich spürbarem böhmischen Einfluß; dreischiffiger, quadratischer Raum mit tiefem, zu 5/8 geschlossenem Chor; außergewöhnlich reiche Westfassade mit dreiseitigem Portalvorbau, Kaiserbalustrade, und dreiseitig gebrochenem Michaelschörlein, dessen Filigrangiebel (Adam Krafft, 1506–08) das ›Männleinlaufen‹ (Huldigung Karl IV. durch die 7 Kurfürsten) von J. Heuß (Uhr) und Seb. Lindenast d. Ä. (Figuren) umfaßt; 1945 weitgehend zerstört, bis 1955 wiederhergestellt; ursprüngliche Ausstattung im Zuge der Säkularisierung 1812 weitgehend entfernt, jetzt z. T. aus anderen Nürnberger Kirchen stammend; u. a. sog. Tucheraltar, eines der wichtigsten Werke der Nürnberger Malerei vor Dürer, 1440–45 von einem unbekannten, als ›Meister des Tucheraltars‹ bezeichneten Meister für die Augustinerkirche geschaffen; zwei Epitaphien von Adam Krafft: das Peringstorffersche von 1498 und das für den 1500 verstorbenen Hans Rebeck mit einer Krönung Mariens.

St. Jakob

ursprünglich romanische Eigenkirche des Königshofes auf dem linken Pegnitzufer; 1209 als Geschenk Kaiser Ottos IV. an den Deutschherrnorden; jetziger Bau aus dem 14., bzw. 15. und 16. Jahrhundert; seit der neugotischen Restaurierung unter K. A. Heideloff mehrfach renoviert; Wiederherstellung nach schweren Kriegsschäden; bedeutend der Hochaltar vom ›Meister des Hochaltars in St. Jakob zu Nürnberg‹, um 1370; Glasmalereien des 15. und 16. Jahrhunderts

St. Katharina

1294 sollen Frauenauracher Dominikanerinnen ein Siechenhaus mit kleiner Kirche südlich der Pegnitz übernommen haben; 1295 Klosterstiftung; 1297 Kirchenweihe; 1525 Aufhebung des Klosters, das von 1620 bis Ende des 18. Jahrhunderts den Meistersingern diente; 1921–23 grundlegende Erneuerung; 1945 bis auf die Umfassungsmauern zerstört; die Ruine der gotischen Pfeilerbasilika dient Theater- und Konzertaufführungen; die Reste der Klostergebäude sind in den Neubau der Zentralbibliothek einbezogen.

St. Klara

im 1. Drittel des 13. Jahrhunderts (1241 bezeugt) lassen sich Reuerinnen vor dem inneren Frauentor nieder; 1246 Bau einer Kirche erwähnt, doch 1270 Errichtung eines neuen Baues durch Sebalder Werkleute; im 15. Jahrhundert erweitert; 1279 Anschluß des Klosters an den Klarissenorden; Kirche 1339 der hl. Klara geweiht; schlichter Bau mit einschiffigem Langhaus und kreuzrippengewölbtem Rechteckchor; im 2. Weltkrieg weitgehend ausgebrannt, wiederhergestellt.

St. Lorenz 1235 eine Lorenzkapelle – am östlichen Rand der vom Königshof bei St. Jakob ausgehenden Siedlung gelegen – erstmals erwähnt; 1274 (?) oder 1295 beginnt man den Bau der heutigen Kirche als Pfarrkirche für die ›Lorenzer Stadt‹, zunächst mit Teilen im Osten (nicht erhalten) und den ersten Jochen im Westen; in der 1. Hälfte – im östlichen Teil erst in der 2. Hälfte – des 14. Jahrhunderts folgt das Langhaus, eine hohe langgestreckte Pfeilerbasilika mit Rippengewölbe nach Straßburger und Freiburger Vorbild, und die um 1400 vollendete Westfassade – eine der reichsten Deutschlands – mit den beiden Türmen, mit Portal, Fensterrose und Giebel; in den 80er Jahren des 14. Jahrhunderts beginnt man die Seitenschiffe bis auf die Flucht der Strebepfeiler nach außen zu erweitern; 1439–77 entsteht im Osten ein neuer, höherer Chor, einer der schönsten deutschen Hallenchöre mit Umgang und Kapellenkranz; Konrad Heinzelmann liefert den Entwurf und ist bis 1454 Bauleiter, später abgelöst von Konrad Roritzer und Jacob Grimm; 1943–45 starke Kriegszerstörungen; wiederhergestellt; außergewöhnlich reich und qualitätvoll die Ausstattung: u. a. Glasmalereien in den Fenstern des Chors; Anbetungsgruppe an den Pfeilern des Mittelschiffs (Maria mit Kind 1280/90, Könige um 1360); Deocarusschrein von 1406; Imhoff-Altar 1418–21; vor allem aber Sakramentshaus des Adam Krafft (1493–95) und der sog. Englische Gruß des Veit Stoß (1517–18).

St. Martha Die einem von Konrad Waldstromer gestifteten Pilgerhospiz dienende Kirche – dreischiffig mit polygonalem Chor – nach 1360 erbaut; 1526 von der Stadt übernommen und profaniert; diente bis 1627 Theaterzwecken, zeitweilig den Singschulen der Meistersinger; mehrfach restauriert, zuletzt nach geringfügiger Beschädigung 1946.

St. Sebald Seit dem 11. Jahrhundert eine Peterskapelle am Abhang des Burgberges; die Bedeutung der um 1070 zu dem dort begrabenen Pilgerheiligen Sebald einsetzenden Wallfahrten verdrängt allmählich das ursprüngliche Patrozinium; ab 1230/40 Neubau der heutigen Kirche durch Bamberger und Ebracher Bauleute wegen der beiden Patrone noch mit zwei Chören: im Westen für St. Peter, im Osten für St. Sebald; romanische Pfeilerbasilika mit Westtürmen und östlichem Querschiff; Ostchor mit Apsis und zweischiffiger Krypta; Westchor polygonal, einschiffige Krypta; Kreuzrippengewölbe über dreizonigem Wandaufbau mit Triforium; um 1300 größere Fenster im Westchor; wenig später Erweiterung der Seitenschiffe auf die Breite der Querschiffarme; 1361–79 Neubau des nun mehr als die Hälfte der Kirche umfassenden, wesentlich höheren, hellen Ostchors, möglicherweise durch einen Meister des Parlerkreises: einer der ältesten Hallenchöre Deutschlands; 1482–83 Aufstockung der Westtürme um Glockengeschoß, Galerie und

Helmaufsätze; 1944/45 schwer beschädigt; wiederhergestellt; außergewöhnlich reich und qualitätvoll die Ausstattung: u. a. Schreyersches Epitah an der Außenwand des Orstchors, von Adam Krafft, 1490–92; im Innern Madonna im Strahlenkranz, um 1430; Volckamersche Passion von Veit Stoß, 1499; Kreuzigungsgruppe von Veit Stoß, 1506/07 und 1520; Sebaldusgrab von Peter Vischer d. Ä. und seinen Söhnen Peter d. J. und Hermann d. J., 1508–19; Tuchersches Epitaph von Hans v. Kulmbach nach Entwurf Dürers, 1513; Glasgemälde im Chor z. T. von Veit Hirschvogel (1514/15).

Museen

Albrecht-Dürer-Haus Albrecht-Dürer-Straße 39	von Dürer 1509–28 bewohntes Haus am Tiergärtnertor; mehrfache Neueinrichtungen, zuletzt 1970–71 restauriert; historische Wohnräume mit Küche; Sammlungen zur Geschichte der Dürerverehrung; Kopien der Werke Dürers
Germanisches Nationalmuseum Kartäusergasse 1	1852 durch Hans Freiherr v. Aufseß gegründet; seit 1856 im Gebäude des ehem. Kartäuserklosters, das 1380 durch den Nürnberger Kaufmann M. Mendel gestiftet wurde; umfassende Sammlungen aus allen Gebieten der deutschen Kunst- und Kulturgeschichte von der Frühzeit bis ins 20. Jahrhundert: Vor- und Frühgeschichte, Gemälde und Glasgemälde, Skulpturen, Kunsthandwerk, Musikinstrumente, wissenschaftliche Instrumente, Textilien, Waffen, Spielzeug, Volkskunst, Trachten; Kupferstichkabinett mit etwa 200 000 Blättern; Münzkabinett; Autographensammlung; historisches Archiv; Archiv zur Bildenden Kunst; Spezialbibliothek zur deutschen Kunst- und Kulturgeschichte
Gewerbemuseum Gewerbemuseumsplatz 2	1869 gegründet; letzte Neuaufstellung 1969; Kunsthandwerk bis zur Neuzeit: Glas, Porzellan, Keramik, Metall, Möbel, Uhren, Schmuck
Graphische Sammlung Karolinenstraße 44	ca. 60 000 Blatt Original- und Druckgraphik; vor allem Abbildungen zur Kunst- und Kulturgeschichte Nürnbergs und des ehemaligen reichsstädtischen Gebiets
Kaiserburg	Bauten des 11.–16. Jahrhunderts; Renovierungen 1834–35 und 1934; nach Kriegszerstörung wiederhergestellt; Zu besichtigen: Palas mit romanischer Doppelkapelle, Kaiser- und Rittersaal, Wohnräume des Kaisers; Tiefer Brunnen; Sinwellturm (Aussicht).
Kunsthalle Nürnberg Lorenzerstraße 32	als ›Fränkische Galerie‹ 1913 gegründet; 1967 umbenannt; Wechselausstellungen zeitgenössischer Kunst

Lochgefängnisse unter dem Alten Rathaus Rathausplatz 2	letzte Restaurierung 1955; bis ins 14. Jahrhundert zurückgehendes, im ursprünglichen Zustand erhaltenes mittelalterliches Untersuchungsgefängnis der Reichsstadt Nürnberg mit Zellen, Folterkammer, Schmiede und Wohnung des Lochwärters
Museum Industriekultur Äußere Sulzbacher Straße 66	im ehemaligen Tafelwerk
›Natur und Mensch‹ Gewerbemuseumsplatz 4	1883 gegründet; Sammlungen zur Vor- und Frühgeschichte, Geologie, Paläontologie, Karst- und Höhlenkunde, Völkerkunde; nur zum Teil aufgestellt
Schulmuseum im Schulhaus Paniersplatz 37	Schulgeschichte vom Mittelalter bis in die Neuzeit
Spielzeugmuseum Karlstraße 13	1966 gegründet; 1971 in einem ehem. Patrizierhaus mit Renaissancefassade und Barockchörlein eröffnet; Spielzeug vom Mittelalter bis zur Gegenwart, vor allem aus Deutschland, aber auch aus Europa und Übersee
Stadtmuseum Fembohaus Burgstraße 15	1953 als Altstadtmuseum gegründet; 1970 nach Renovierung des Fembohauses (1591–96 erbaut) neu aufgestellt; Sammlungen zur Wohnkultur, zur Kunst- und Kulturgeschichte Nürnbergs
Tucherschlößchen Hirschelgasse 11	nach Kriegszerstörung seit 1970 restauriertes ehem. Gartenanwesen der Patrizierfamilie Tucher, 1533–44 erbaut; Beispiel der Wohnkultur einer Nürnberger Patrizierfamilie; wertvolles Mobiliar und reiche Gemäldesammlung; Glasmalereien; Tapisserien; ›Tucherbuch‹
Verkehrsmuseum Lessingstraße 6	einziges ausschließlich der Entwicklung von Bahn und Post gewidmetes Museum Deutschlands Eisenbahnabteilung: 1899 gegründet, nach 1953 Wiederaufbau; Modelle und Originale zur Entwicklung und Technik von Eisenbahn, Autobahn, Binnenschiffahrt, Luftverkehr; Rekonstruktion der ersten in Deutschland fahrenden Lokomotive ›Adler‹ und Original des Salonwagens des ehem. bayer. Hofzuges; große Modelleisenbahn Postabteilung: 1902 gegründet, Neueinrichtung ab 1955; Sammlungen zur Geschichte und Technik des Postwesens, einschließlich Telegraphie und Telephonie, Rundfunk und Fernsehen; Briefmarkensaal mit über 40 000 Briefmarken

Musik

Die Pflege der Musik ging auch in Nürnberg von den Kirchen aus, nicht nur von den beiden großen Pfarrkirchen, von denen die Sebalduskirche schon im späten 13. Jahrhundert eine Orgel besaß, sondern auch von den kleinen Kirchen mit ihren Sängerknaben und vor allem von den Niederlassungen der Klöster. Doch verfügte auch das Stadtregiment, wie aus einer Kammerrechnung von 1377 ersichtlich ist, sehr bald über eigene Stadtpfeifer, seit dem frühen 15. Jahrhundert über ›Lautenisten‹ und ›Fiedler‹ und, nachdem Kaiser Sigismund dies 1531 durch ein Privileg ermöglicht hatte, über ›Trompeter und Posauner‹. Sie wirkten beim Empfang hoher Gäste, bei prunkvollen Tafeleien und Aufzügen des Rats und der Zünfte, bei Hochzeiten und Begräbnissen. Spielleute und Kapellen der in Nürnberg weilenden Kaiser, dazu fahrende Sänger und Musikanten brachten ständig neue musikalische Anregungen. Die Instrumentenbauer, die später Nürnbergs Ruf weithin trugen, scheinen schon damals beachtliches geleistet zu haben. Von etwa 1440 an wurden die meisten der bestehenden Orgeln umgebaut und erweitert. Orgel- und Liedkunst kamen in der 2. Hälfte des 15. Jahrhunderts zu hoher Blüte. Ein Beispiel dafür ist das ›Fundamentum organisandi‹ des Konrad Paumann, gebürtiger Nürnberger und bis 1450 Organist bei St. Sebald, ebenso wie das sicher in Nürnberg geschriebene Lochamer Liederbuch der gleichen Zeit.
Die Reformation brachte mit der Aufhebung von Feiertagen und Stiftungen — man denke nur an den Gesang des Salve Regina seit der 1. Hälfte des 14. Jahrhunderts — zunächst eine Einschränkung der Musikpflege durch die Kirchen. Lag vor allem die Orgelmusik völlig darnieder, so schufen Lazarus Spengler, Hans Sachs und Sebald Heyden doch Kirchenlieder von bleibender Bedeutung. Stärker gepflegt wurde die Musik nun jedoch im privaten Bereich, wo sich musikalische Zirkel (z. B. 1568 die Musicalische Krentzleinsgesellschaft, 1571 das Sodalicium musicum) bildeten. Erst mit der Bestellung F. Lindners als Kantor nach St. Egidien (1574) und L. Lechners nach St. Lorenz (1575) kam es in der Kirchenmusik zu neuem Aufschwung, fand Nürnberg durch den Orlando di Lasso-Schüler Lechner Anschluß an die musikalische Entwicklung der süddeutschen Fürstenhöfe. Musik ist nun nicht mehr tönende Offenbarung des Göttlichen, sie spiegelt das Selbstbewußtsein des neuen, von der Renaissance geprägten Menschen.

Hans Leo Haßler, 1564 in Nürnberg geboren und 1601 als schon berühmter Mann zum ›Obersten Musicus‹ berufen, festigte den Nürnberger Ruf als Mittelpunkt der Liedpflege. Er verschmolz die Tradition mit neuen Strömungen und Techniken, schuf aus Deutschem und Italienischem eine neue Einheit.

Gleichzeitig blühte in der Stadt, neben der Förderung der Musik durch Kirche und Patriziat, der Meistergesang, das von den Handwerkern in Laienbruderschaften, den späteren Singschulen, nahezu handwerksmäßig geübte Singen nach festen Regeln (Tabulatur). Für den musikalischen Vortrag waren zunächst nur die ›Töne‹ und damit das Versmaß, der 12 Meister erlaubt. Eine neue Weise zu finden war verboten. Erst Hans Folz (um 1450—1515), der Barbierer, erkämpfte die Erlaubnis, neue Töne zu komponieren und leitete damit einen ungeahnten Aufschwung des Meistergesangs ein, als einer dessen Hauptvertreter er, neben Hans Sachs, auch als Musiker angesehen werden kann. Meister konnte nun nur mehr werden, wer eine nach Melodie und Inhalt neue Weise zu fertigen wußte, die bei Vortrag das Wohlwollen der Merker (Preisrichter) fand.

Zu ebenso hohem Ansehen wie die Nürnberger Notendrucker — die Buchdrucker begannen in Nürnberg schon vor 1500 mit dem Druck von Noten —, die Nürnberg im 16. Jahrhundert zu einem der angesehendsten Musikverlagsorte neben Venedig, Wien und Mainz machten, brachten es die Nürnberger Musikinstrumentenbauer, deren Instrumente in halb Europa höchstes Ansehen genossen.

Der 30jährige Krieg setzte auch im Musikleben eine Zäsur. Nur langsam löste man sich in Nürnberg wieder von der in den Kriegsjahren bevorzugten rein zweckgebundenen, der Tradition folgenden Gebrauchsmusik.

In der Kirchenmusik erhielt der Nürnberger Stil des 17. und frühen 18. Jahrhunderts vor allem durch Johann Pachelbel (1653—1706), der ›ehrbar und kunstberühmt Organist zu St. Sebald‹, der als Komponist Einfallsreichtum und Frische mit handwerklich sauberer Arbeit verband, seine formale Geschliffenheit und Ausdruckskraft, aber auch jenen Zug zum poetisch-lyrischen, zu volkstümlicher Innigkeit, die noch auf Johann Sebastian Bach nicht ohne Wirkung blieb. Einfluß auf die bürgerliche Musikpflege hatte vor allem der durch G. Ph. Harsdörffer und J. Klaj 1644 gegründete Pegnesische Hirten- und Blumenorden, der, abwohl primär zur Pflege von Sprache und Dichtung gedacht, in barockem Streben nach dem Gesamtkunstwerk auch der Musik breiten Raum einräumte, ja in mancher Hinsicht für die Entwicklungsgeschichte der deutschen Oper bedeutungsvoll wurde.

Seit etwa 1675 fanden in Nürnberg auch die ersten Vorstellungen von gastierenden ›Operistenbanden‹ statt. Die Blüte der Nürnberger Musik war jedoch mit dem Tode Pachelbels zu Ende. Was blieb war ein Abglanz einstiger, ruhmreicher Tradition, nur von den Notendruckern und Instrumentenbauern noch bis ins ausgehende 18. Jahrhundert weitergeführt.

Opern- und Konzertaufführungen, die Anfänge der Musikinstrumentensammlung im Germanischen Nationalmuseum, die Gründung des Philharmonischen Orchesters, das Entstehen zahlreicher Chöre, die Bayerischen Musikfeste von 1900 und 1908, die nach 1927 stattfindenden Nürnberger Singwochen, um nur einiges zu nennen, leiten über zum heutigen lebendigen musikalischen Leben der Stadt.

Nürnberg besitzt das Nürnberger Bachorchester und die Nürnberger Symphoniker; Kirchenchöre in St. Egidien, St. Lorenz (Bachchor), St. Sebald (Sebalder Kantorei, Capella Sebaldina), in der Frauenkirche; daneben sieben weitere Chöre.

An regelmäßigen Veranstaltungen finden statt

Abendmusiken	im Hof des Heilig-Geist-Spitals, jeweils im Juni und Juli
Bardentreffen	an einem Sommerwochenende im Juli musizieren alljährlich deutschsprachige Liedermacher zum Nulltarif an verschiedenen Stellen der Altstadt, u. a. im Burggraben, vor der Lorenzkirche und in historischen Altstadthöfen
Internationale Orgelwoche	jeweils im Juni/Juli mit Konzerten alter und neuer Musik vor allem in St. Egidien, St. Lorenz, St. Sebald, im Germanischen Nationalmuseum und in der Meistersingerhalle
Jazz Ost-West	jedes 2. Jahr im Oktober
Musica Antiqua	jeweils im Winterhalbjahr Konzerte alter Musik auf Originalinstrumenten der Zeit, im Germanischen Nationalmuseum
Musica Franconia	Festtage Alter Musik Mai, im Alten Rathaussaal, St. Martha-Kirche

Musik und Tanz	in historischen Höfen, Juli–August
Rock im Burggraben	im Juli
Serenaden	in St. Katharina und im Hof des Heilig-Geist-Spitals, Juni–Juli
Sommerkonzerte	in St. Lorenz und St. Sebald, April–Oktober

Theater

In Nürnberg hatte das sakrale Theater — vor allem als Passions- und Osterspiel im mittelalterlichen Deutschland die beherrschende Theaterform — nicht die sonst übliche Bedeutung, wurde zudem schon Ende des 15. Jahrhunderts vom Rat der Stadt eingeschränkt und 1523 im Zuge der Reformation völlig verboten.
Wichtiger für die Entwicklung des Nürnberger Theaterwesens waren die von den Handwerksgesellen in Wirtshaushöfen und -stuben aufgeführten derb-realistischen Fasnachtsspiele. Diese ›Spiele und Reime‹, die mit, wie der Rat 1468 rügt, ›meist uppiger, unkeuscher und unzymlicher wort und unordentlicher geperde‹ Ereignisse und Personen des täglichen Lebens schildern, Marktszenen und Ehehändel, Erlebnisse von närrischen Liebhabern und Bauerntölpeln, erfuhren von der Mitte des 15. Jahrhunderts an durch den Einfluß der Meistersinger eine gewisse Läuterung. Durch Hans Rosenplüt, genannt der Schnepperer, durch Hans Folz, den Barbierer; vor allem aber durch Hans Sachs, ›Schuhmacher und Poet dazu‹, wurden auch literarisch vorgeprägte Stoffe in der Form des Fasnachtsspiels behandelt. Die Spiele wurden nun — übrigens stammen, obwohl in ganz Deutschland und in der Schweiz verbreitet, die meisten der etwa 150 bekannten Fasnachtsspiele aus Nürnberg — auf dekorationsloser, von Vorhängen begrenzter Bühne in den profanierten Kirchen St. Martha und St. Katharina aufgeführt. Vor allem in der 2. Hälfte des 16. Jahrhunderts fanden diese Theaterspiele größtes Interesse. Bis zu drei Gruppen gleichzeitig spielten dreimal in der Woche. Zum Ärgernis des Rats vernachlässigten manche Handwerker ihren Beruf, ja manche gaben sogar ihre erlernte Tätigkeit auf und widmeten sich nur mehr dem ›Agieren‹, z. T. auf Gastspielen außerhalb der Reichsstadt.
Bildeten sich so — das Theaterspiel war vorher eine reine Sache der Laien — einheimische Theatertruppen, so traten in zunehmendem Maß

auch auswärtige Gruppen auf. 1549 z. B. spielten ›welsche Spielleute‹ die ›alte römische Historie von Herkules‹ und vom Anfang des 17. Jahrhunderts an kamen vor allem die vom Volk bejubelten ›englischen Comödianten‹, die in ihren z. T. recht blutrünstigen Stücken vielseitigstes Schauspielertum bewiesen. 1612 gaben sie im Heilsbronner Hof ›etliche schöne, in Teutschland unbekannte Comödien und Tragödien‹ zum besten, ›wobei sie eine gute liebliche Musica gehalten, auch allerlei wälsche Tänze mit wunderlichem Verdrehen, Hupfen, hinter und für sich Springen, Ueberwerfen und anderen seltsamen Gebärden getrieben, welches lustig zu sehen. Dahin ein groß Zulaufen von Alten und Jungen, von Manns- und Weibspersonen, auch von Herrn des Raths und Doctoren.‹

Ob der hinter der St. Lorenzkirche gelegene Heilsbronner Hof, der wie der Gasthof zum Goldenen Stern meist für Theateraufführungen benutzt wurde, für dieses ›groß Zulaufen‹ zu klein war oder ob es dem Rat aus anderen Gründen zweckmäßig erschien, 1628 ging man daran für ›Fechtschulen, Komödien und andere Kurzweil‹ auf der Insel Schütt ein eigenes Haus zu errichten. Nürnberg hatte damit, obwohl das sog. Fechthaus vor allem den beliebten Tierhatzen und den Vorstellungen der ›Fechtschulen‹ diente, seinen ersten Theaterbau, dessen drei offene, umlaufende Ränge über steinernem Unterbau etwa 3000 Besucher faßte.

1667—68 errichtete der Rat das sog. Nachtkomödienhaus, wo auch im Winter und nachts gespielt werden konnte und das vor allem Opernaufführungen durchreisender Theatergruppen diente.

Wie alles andere war auch das Theaterwesen Ende des 17. und Anfang des 18. Jahrhunderts in der völlig überschuldeten Stadt auf einem Tiefpunkt: das inzwischen Opernhaus genannte Nachtkomödienhaus — schon lange in wenig gutem Zustand — wurde Ende des 17. Jahrhunderts wegen Baufälligkeit geschlossen, das Fechthaus 1811 völlig abgerissen. Auch das von dem unternehmungsfreudigen Reichsadlerwirt Auernheimer 1801 errichtete, auch Konzerten und Redouten dienende Gebäude, in dem Iffland und Devrient Gastspiele gaben, mußte 1827 schon wieder geschlossen werden. Das hölzerne ›Interimstheater‹ auf der Insel Schütt war ohnehin nicht auf Dauer geplant.

Erst 1833 konnte Bürgermeister Johannes Scharrer allen Widerständen zum Trotz am Lorenzer Platz ein neues Theater eröffnen, das vor allem unter der Direktion von Hans Reck die Aufführung zahlreicher Wagneropern sah. Wesentlich günstiger für die Aufführung so großer Werke waren die Voraussetzungen, die das 1905 von Heinrich Seeling erbaute ›Stadttheater am Ring‹, das jetzige Opernhaus, bot. Unter Richard Balder wurden nun häufig auch neue Werke aufgeführt, so 1911, am Tag nach der Dresdner Uraufführung, der ›Rosenkavalier‹.

Erst 1920 wurde das Nürnberger Theater von der Stadt übernommen, die Grundlage für den weiteren Aufschwung geschaffen. Heute stehen den Städtischen Bühnen, die auch international beachtete Uraufführungen herausbrachten, neben dem Opernhaus auch das Schauspielhaus mit den 1961 umgebauten Kammerspielen zur Verfügung.

Städtische Bühnen	**Opernhaus, Schauspielhaus und Kammerspiele** **Aufführungen von Oper, Operette, Musical, Ballett, Schauspiel durch eigenes Ensemble; auch Gastspiele**
Freilichtaufführungen	in der Ruine der Katharinenkirche im Sommer
Hans-Sachs-Spiele	in der Ruine der Katharinenkirche im August
Kleinbühnen	mehrere kleine Theater, vor allem im Viertel unterhalb der Burg
Straßentheater	in den Fußgängerzonen, in verschiedenen Altstadthöfen; am Tiergärtnertor in den Sommermonaten

Brauchtum und Feste

Das ganze Mittelalter hindurch besaß Nürnberg eine sehr ausgeprägte Freude am Festefeiern, dazu ein durchaus eigenständiges Brauchtum, wenn auch die Bräuche, die sich auf rein kirchlicher Grundlage entwickelt hatten mit der Einführung der Reformation abgeschafft wurden. Der Nürnberger Prediger Osiander z. B. schrieb um 1526 *Das gauckelspil mit dem hergot und esel am palmtag, die passionsspil am karfreytag werden nit mer gespilt. Das grab in den kirchen, das gespott mit der urstend Cristi werden nit mer fürgenommen... Desgleichen wurdet auch die gantz histori des* (=der) *feste, die hierzu erdicht ... gantz unterlassen ...* Auch der Rat der Stadt war kein Freund ausgelassenen, übermütigen Volkslebens. Immer wieder war er bestrebt, mit seinen Erlässen überschäumende Festesfreude zu dämpfen, ja z. T. auf rigorose Art für Sitte und Anstand zu sorgen. In gewissem Maße sogar gefördert wurden eigentlich nur die recht beliebten Schießübungen und Schützenfeste, die indirekt in Kriegszeiten der Stadt wieder zugute kamen. Schon in der 1. Hälfte des 15. Jahrhunderts wird von ihnen berichtet und vor allem im 16. und 17. Jahrhundert wurde bei diesen Gelegenheiten viel Pracht entfaltet. Die Handwerker nahmen in „zierlichen" Gewändern an den mit den Schützenfesten verbundenen Umzügen teil, von nah und fern wurden Teilnehmer geladen.

Ähnlich volkstümlich waren die mit viel Essen und Trinken verbundenen, noch heute beliebten Kirchweihen, vor allem die ›Kerwa‹ von St. Johannis und die Schütter Kerwa (Kirche zum Hl. Geist). Bis ins 19. Jahrhundert erschien auf dieser Kirchweih der ›blouti Moh‹ (blutige Mann), ein mit roter Farbe übergossener Rotschmieddrechsler, der im Triumph durch den Festplatz gefahren wurde und mit viel Hallo versuchte, die Leute mit ›Blut‹ zu beschmieren.

Nicht ganz so lang, bis ins 18. Jahrhundert, hielten sich drei weitere Nürnberger Bräuche: das ›Pfeffern‹ am 2. Weihnachtstag, ein Heischebrauch, bei dem die Kinder den Erwachsenen mit Ruten auf die Kleider schlugen und etwas Geld oder Eßbares erhielten; das mit viel Lärm verbundene ›Klöpfeln‹ in der Klöpfleins- oder Klopfernacht, dem 6. Januar, in der Buben und Mädchen mit Prügeln und Hämmern gegen Haustüren und Fensterläden schlugen; und das am 25. Mai stattfindende Urbanreiten, ein Umritt der Weinhändler. Ein ›Weinschreier‹ ritt gewissermaßen als Verkörperung von Dionysos und Hl. Urban in einer Person in bunten Kleidern und geschmückt mit einer Krone vor die Schenken der Stadt. Er wurde von Weinabladern und Einlegern in roten Mänteln, den sog. Schenkröcken, von Musikanten und von einem Mann begleitet, der ein mit Gläsern und Spiegeln behängtes Fichtenbäumchen trug. Dieser Schmuck wurde an die Kinder verschenkt, während der immer heiterer werdende Zug Wein und Geld sammelte. Am Abend gab es mit all dem Gesammelten ein großes Gelage zu Ehren des Hl. Urban, der einen reichen Herbst bescheren sollte.

Eine besonders lange nachweisbare Tradition haben die Handwerkertänze. Einen derartigen Tanz, bei dem sie Kleider aus Samt und Seide wie die Geschlechter tragen wollten, hatten sich die Metzger und Messerschmiede von Karl IV. als Gunst für ihre dem Rat der Stadt beim Aufstand von 1348 bewiesene Treue erbeten. Sie wurde gewährt und 1350 führten die Metzger erstmals den sog. ›Zämertanz‹ auf, bei dem sie sich an ledernen, wurstartigen Ringen hielten, während die Messerschmiede mit bloßen Schwertern tanzten und wie die Metzger mit den Stadtpfeifern durch die ganze Stadt zogen.

Dieser den Metzgern bewilligte Schautanz verband sich allmählich mit einem Fasnachtsaufzug, dem sog. Schembartlauf (fälschlich Schönbartlauf), der mit gleichbleibenden Gesichtsmasken (= Schemen), aber in jährlich wechselnden einheitlichen Kostümen stattfand. Nachdem das Privileg dieser Umzüge wegen der mit ihnen verbundenen hohen Kosten an das Patriziat übergegangen war, wurden die Schembartläufe immer aufwendiger und reicher, wie die 77 erhaltenen sog. Schembartbücher, die in Wort und Bild von den einzelnen Umzügen berichten, deutlich zeigen. Vom Ende des 15. Jahrhunderts führte man eine Art Bühne auf Rädern mit immer neuen Darstellungen im Zug mit, die sog. Hölle, die am Ende des Umzugs gestürmt und zerstört wurde. 1539 fühlte sich der wenig beliebte, eifernde Prediger Osiander durch die Hölle dieses Jahres, ein von Teufeln

besetztes Schiff mit einem evangelischen Prediger in der Mitte, so verspottet und herausgefordert, daß er vom Rat, der die Schembartläufe ohnehin nicht schätzte, das endgültige Verbot dieser Umzüge erreichte.
Die Metzger gingen dazu über, am Fasnachtsdienstag oder Aschermittwoch neben ihren Tänzen nun einen Umzug mit einer großen Wurst zu halten. Sie war 1591 etwa 60 Ellen lang, wurde aber immer länger, bis 1658 12 Männer nötig waren, um die Stange zu tragen, über die in Ringen Nürnbergs größte und schwerste, 658 Ellen lange, 514 Pfund schwere Wurst hing.
Ähnlich wie die Metzger und Messerschmiede hatten später auch die übrigen Handwerke ihre eigenen Tänze und besonderen Umzüge. So zogen die Schuhmacher in weißen Bademänteln und Badehüten zur Osterzeit von ihrer Zunftherberge gemeinsam ins Zachariasbad; die Büttner führten einen Reifentanz auf; die Tuchmacher als die vornehmste Zunft trugen bei ihrem Umzug Spanische Tracht; die Plattner kämpften von fahrbaren, hohen Stühlen mit Stangen gegeneinander, ähnlich wie die Fischer, die beim Fischerstechen mit langen Stangen versuchten, sich gegenseitig in die Pegnitz zu werfen; die in Hobelspangewänder gekleideten Schreiner trugen künstlerisch ausgeführte Holzwaffen und die Rotschmiede, die als einzige das Recht hatten, bei künstlichem Licht zu arbeiten, trugen am Tag der Tag- und Nachtgleiche ›das Lichtlein ins Wasser‹, sie versenkten in feierlichem Umzug brennende Lichter in der Pegnitz zum Zeichen, daß sie nun wie die anderen Zünfte mit dem ›Garausläuten‹, dem Sonnenuntergang, die Werkstattarbeit beenden wollten.
Neben die verschiedenen, jahreszeitlich gebundenen ›Messen‹, die Märkte, die z. T. mit den Kirchweihen gekoppelt waren, trat mindestens vom 17. Jahrhundert an — 1639 wird der ›Kindleinsmarkt‹ erstmals erwähnt — der auf dem Hauptmarkt stattfindende Weihnachtsmarkt, in dessen Dauer der beliebte Thomastag fiel. Dieser Markt, der ›Christkindlesmarkt‹ mit seinem Lichterglanz, seinen Buden, seinem Duft von Rostbratwürsten, Lebkuchen und gebrannten Mandeln ist neben den Kirchweihen wohl der einzige bis heute ohne nennenswerte Unterbrechung überkommene Nürnberger Brauch, zugleich aber auch der liebenswürdigste.

Altstadtfest	jeweils im September mit Festzug; Fischerstechen auf der Pegnitz zwischen Museums- und Fleischbrücke; Vorführungen von Volkstanz- und Gesangsgruppen; Hans-Sachs-Spielen; Kahn- und Gondelfahrten auf der Pegnitz; Weinzelt, Biergärten
Christkindlesmarkt	Anfang bis 24. Dezember auf dem Hauptmarkt; stimmungsvolle Budenstadt um die Krippe; mit feierlicher Eröffnung durch das Christkind; Verkauf vor allem von Christbaumschmuck, Spielwaren, Kunsthandwerk, Lebkuchen und Früchtebrot, Süßigkeiten und Zwetschgenmännla, auf offenem Rost gebratenen Rostbratwürsten
Handwerkerhof ›Alt-Nürnberg‹	von Anfang April bis 23. Dezember im Waffenhof am Königstor eingerichtete Handwerksgassen, wo traditionelle Nürnberger Kunsthandwerker bei der Arbeit beobachtet, ihre Erzeugnisse gekauft werden können; kleine Gaststätten mit traditionellen Gerichten
Lichterzug	am Abend des 2. Donnerstag im Dezember seit 1948 Zug der Kinder mit selbstgebastelten Laternen zur Burg; dort Darstellung des Weihnachtsgeschehens in lebenden Bildern
Trempelmarkt	am 2. Samstag im Mai und September seit Juli 1971 Flohmarkt auf dem Hauptmarkt und um das Rathaus mit den angrenzenden Straßen, bei dem jeder alles verkaufen und kaufen kann
Volksfest	im Frühjahr und Herbst auf dem Gelände an der Kongreßhalle; am 25. August 1826 zu Ehren des Geburtstags von König Ludwig I. gegründetes Fest mit Jahrmarkttreiben, Schaubuden, Karussells, Bierzelten und großem Feuerwerk

Kulinarische Spezialitäten

Zum Feste feiern wie zum Alltag gehören Essen und Trinken. Und wer die Leibgerichte kennen lernt, erfährt auf eine andere, nicht minder eindrucksvolle Art etwas vom Charakter eines Landstrichs, einer Stadt.
Beides, Essen wie Trinken, ist in Nürnberg eher deftig und kräftig. Der Nürnberger ist kein verwöhnter Feinschmecker, wenn er auch weiß was gut ist. Er ist ein handfester Esser mit Freude an Klöß und Schweinsbraten, an Ochsenmaulsalat und ›Närnberger Gwerch‹, an ›Stadtwurst mit Musik‹ und an seinem hellen, süffigen Bier. Zu den Nürnberger Genüssen gehört nicht nur ›Paiterla und Schwemmkniedla‹, ein Gericht, das den Nürnbergern den Spitznamen ›Paiterlesboum‹ eintrug, sondern auch die mit viel frischem Beifuß gebratene Gans und der aus dem Aischgrund kommende Karpfen. Nur ist er heute meist blau oder gebacken, während ›Die Nürnbergische wol unterwiesene Köchin‹ 1752 noch 23 Zubereitungsarten unterschied, darunter uns so eigenartig anmutende wie ›Karpffen geschabt ibid, Karpffen in der kurzen Brüh, in süsser schwartzer Brüh, in Weixelbrüh‹.
Undenkbar aber wäre Nürnberg ohne die röschen Brezen, die an den Straßenecken aus großen Körben verkauft werden; ohne das ›b'sondere G'schmäckla‹ der Bratwürste, die man in den Rostbratwurstküchen von mattschimmernden Zinntellern ißt, die aber auch als ›zwaa in an Weckla‹ zum Nürnberger Alltag wie zu jeder Kirchweih und zu jedem Jahrmarkt gehören; und ohne die weltberühmten Lebkuchen, mit deren hinreißendem Duft hier die Weihnachtszeit beginnt.

Lebkuchen

Das blühende Zeidelwesen, das den Nürnberger Reichswald zu des ›Reiches Bienengarten‹ machte, lieferte mit dem Honig eine der notwendigsten Zutaten für die ›Honigkuchen‹, die Handelsverbindung mit Venedig die Vielfalt der Gewürze. Nürnberger Art entsprechend kam es früh zu einer Spezialisierung bei den Bäckern, Ende des 14. Jahrhunderts tauchen ›lekuchner‹ in den Losungslisten der Stadt auf. Für den Meistersinger Hans Folz gehörten die Lebkuchen völlig selbstverständlich zum Nürnberger Leben: ›Lebkuchen, Latwergen und Konfekt und was sonst in den Truhen steckt‹, sie galten längst als ein Erzeugnis von besonderer Qualität. Unter den Geschenken, die Nürnberg der Stadt Brüssel für die Gewährung der Zollfreiheit überreichte, wurden bis 1790 neben Schwert und Handschuhen auch Lebkuchen genannt. Man war sich einig darin, daß ›von Nürnberg sein die besten Lebkuchen‹ (G. K. Schurtz, 1673), sie ›haben noch niemals, wo man sich auch darum bemühte, anderwärts können nachgemacht werden‹ (J. Ch. Wagenseil, 1697) und so wurden ›die Nürnberger Lebküchlein nit allein aller Orten des Römischen Reiches, sondern sogar in andere Provinzen verführet‹ (M. Filzhofer, 1719). Eine Tatsache, die heute erst recht zutrifft. Da die Bezeichnung ›Nürnberger Lebkuchen‹ seit 1927 als Herkunftsbezeichnung geschützt ist, kommen die ›Nürnberger Lebkuchen‹ wirklich aus Nürnberg, seien es die einfachen braunen oder weißen, oder die fast ohne Mehl hergestellten Oblatenlebkuchen, darunter als Spitzenerzeugnis, der fast nur aus Nüssen, Mandeln und Gewürzen bestehende Elisenlebkuchen. Wie eh und je werden die Lebkuchen nach altüberlieferten Rezepten gebacken, heute aber nicht mehr in kleinen Handwerksbetrieben, sondern mit Hilfe des Fließbandes in der Großfabrik.

Nürnbergische Lebkuchen oder Mandel-Pfefferkuchen

Nehmet Farin-Mehl und Honig jedes gleich viel, lasset beedes über den Feuer ein wenig zergehen, mischet Gewürtz-Negelein, Ingber, Pfeffer, Zimmet, Citronat, Citronen-Schelffen, und ein gut Theil abgezogene Mandeln, alles gröblicht zerstossen und zerschnitten darunter, und zwar jedes nach Belieben, vermischet es wohl durcheinander, wircket es mit Waitzen-Mehl zu einen Teig ab, drucket selbigen in Formen, und lasset sie in einen Ofen abbachen, überstreichet sie dann mit Honig-Wasser, so sind sie fertig.

›Die in ihrer Kunst vortrefflich geübte Köchin, Oder Auserlesenes und vollständig vermehrtes Nürnbergisches Koch-Buch‹, Nürnberg 1734

Weiße Mandel-Lebküchlein

Leget ein Pfund Mandeln über Nacht / oder auch nur etliche Stunden / in ein kalt Wasser / ziehet die Haut herab / trocknet sie mit einem Tuch; schneidet aus einem Mandel überzwerch drey Theile / leget selbige / vermittelst eines Papiers / auf ein Blech / trocknet sie im Oefelein ab / daß sie ein wenig bräunlicht werden: nehmet alsdann ein Pfund schön trocknen Zucker / und ebenso viel wohl-gedörrtes Mehl / schlaget acht kleine Eyer daran / und rühret den Teig wohl ab: wann dann die Mandeln erkuhlet sind / schüttet sie in den Teig / wie auch anderthalb Loth gute Zimmet / Muscatnuß / Muscatblüh und Cardamomen / jedes ein halb Loth / und zwar alles gröblicht zerschnitten: streichet diesen Teig auf Oblaten / so groß als man sie haben will: traget ihn aber nicht gar zu dick auf; leget sie auf ein Papier / setzet solche auf das Bleich / und lasset selbige fein gemach bachen: Solte der Teig gleissend werden / daß er fliessen wolte / kan man ein wenig Stärck-Mehl darunter mischen.

›Vortreffliches Koch-Buch‹, Nürnberg 1702

Weiße Mandel-Lebküchlein auf andere Art

Nehmet sechs Eyer und vier Dötterlein / klopffet sie bey einer viertel Stund; rühret ein Pfund Zucker / eben soviel Mehl / und abgebräunte Mandeln darein / wie auch Zimmet / Muscaten-Blüh / Cardamomen und Pfeffer / nach Belieben samt einem halben Vierding / oder Achtel-Pfund / Citronat / und zweyen Lothen Pomerantzen Schelffen; zerschneidet die Mandeln und Schelffen länglicht / mischet alles wohl durcheinander / streichet es auf Oblaten / und lasset solche gleich denen vorigen bachen.

›Vortreffliches Koch-Buch‹, Nürnberg 1702

Eine besonders lange Tradition haben in Nürnberg auch die ›Zuckerstückla‹, ein auch als ›Eierzucker‹, ›Marzipan‹ oder ›Aniszeug‹ bezeichnetes Weihnachtsgebäck, das in kunstvoll geschnitzten Modeln in den vielfältigsten Formen — besonders beliebt sind die Reiter — ausgedrückt und bemalt wird.

Aniszeug

Es wird 1 Pfund Zucker, 1 Pfund Mehl, 5 Eier, etwas Rosenwasser und die Schale einer Zitrone dazu genommen, die Masse ehe das Mehl hinzu kommt, lang und dick gerührt und dann auf dem Backbrett zu Laiblein gewürkt. Diese müssen eine Stunde ruhen, dann nimmt man immer nur kleine Stücken davon, wällt sie aus, bestäubt, mittelst eines Tüchleins, in welches Mehl gebunden wurde, hölzerne Mödel mit letzterer, drückt den 2 Messerrück dicken Teig in die Mödel, daß sich die geschnittenen Formen genau darauf ausbilden, nimmt sie wieder heraus, schneidet von den Figuren den äusseren Teig ab, und legt sie auf ein mit Mehl bestreutes Brett, läßt sie über Nacht ruhen, kehrt am Morgen das Mehl davon ab, bestreicht ein Blech mit Wachs oder Schmalz, streut Anis darauf, und bäckt jene darauf. Sie müssen oben schön weiß bleiben, daher legt man zuweilen, im Fall

die Bratröhre von oben gerne versengt, wenn das Backwerk halb fertig ist, Papier darauf. Unter den Teig kann man einen Löffel Arrack oder Brantwein statt Rosenwasser nehmen, so läuft er besser auf.
›Die wohlunterrichtete Nürnberger Köchin‹, Nürnberg 1834

Wird der Eierzucker unter den verschiedensten Bezeichnungen im ganzen süddeutschen Raum gebacken, so sind die ›Zwetschgenmännla‹, die auf dem Christkindlesmarkt ganze Buden füllen, wieder eine rein Nürnberger Spezialität. Ein echter ›Zwetschgermoh‹ wird aus gedörrten Zwetschgen, mit einer Walnuß als Kopf und mit Stoffresten als Gewand zusammengebastelt. Keiner gleicht dem anderen, aber lustig sind sie alle.

Weltberühmt sind aber nicht nur Nürnbergs süße, weihnachtliche Spezialitäten. Fast ebenso bekannt, wenn auch im Gegensatz zu den Lebkuchen eigentlich nur in der Stadt selbst auf die richtige Art zu essen sind die

Bratwürste

Es gibt sie in zwei Größen: die normal großen, die jeder Metzger führt und die sich der Nürnberger in der Pfanne brät; sauer, als sog. ›Blaue Zipfel‹ zubereitet oder als ›Nackerte‹ ißt; und die ›echten‹, kleinen, etwa fingerdicken, 23 gr. schweren, gewürzten Schweinswürstl, die über Buchenholzkohle auf offenem Rost gebraten werden müssen. Sie werden in den traditionellen, bis ins 14. Jahrhundert nachweisbaren Bratwurstküchen — in der Stadt gibt es mehr als ein halbes Dutzend — mit Kraut oder Kren (Meerrettich) auf Zinntellern serviert: 10 Stück auf herzförmigem, jede andere Menge auf rundem Teller.
Die alten und die neuen Nürnberger Kochbücher kennen darüber hinaus eine ganze Anzahl von Zubereitungsarten, darunter

Eine Bratwurst-Suppe

Laß ein gebeht Brod in einer Fleischbrüh süden / wanns weich ist / treibs durch einen Seiher / würff Ingber / Pfeffer / Muscaten-Blüh / und ein Stück Butter darein / laß noch einmal aufsüden / brate indessen Bratwürste ab / schneide dieselbe zu kleinen Stücklein eines Glieds-lang / lege sie auf gebehete Brod-Schnitten / richte die erst-besagte Brüh darüber / reibe eine Muscat-Nuß darauf / und trags zu Tisch.
›Vortreffliches Koch-Buch‹, Nürnberg 1702

Brat-Wurst Knödlein — *Nehemt Brat-Wurst-Gehäck, oder leeret etliche Brat-Würste aus, hacket solches noch ein wenig kleiner, rühret etwas Semmel-Mehl darunter, schlaget Eyer daran, und rühret alles wohl durch einander; Formiret alsdann die Knödlein daraus, und leget sie in siedende Fleischbrüh. Zu diesen Knödlein darf man weder Schmalz noch Gewürz daran thun, doch kan man ein klein wenig klein-geschnittene Citronen-Schelffen darunter mischen.*
›Die Nürnbergische wohl unterwiesene Koechin . . .‹, Nürnberg 1752

Bratwürste in Zwiebeln zu kochen — *Ziehet frische Bratwürste durch ein Wasser / legt sie in einen stollichten Hafen / giesset halb Wasser halb Fleisch-Brühe darüber / und lasset sie also süden; wann sie dann eine viertel Stund gesotten haben / brennet ein Löffelein voll Mehl daran / giesset ein wenig Essig dazu / streuet Pfeffer / Ingber / ein gut theil länglicht geschnittene oder gantz kleine Zwiebelein / und etwas klein-geriebenen Rimpfell-Käs oder Pfeffer-Kuchen darein / lasset alles zusammen ferner süden / daß es ein dicklichtes Brühlein wird.*
›Vortreffliches Koch-Buch‹, Nürnberg 1702

Blaue Zipfel — Man stelle einen Sud her aus etwa einem Liter Wasser, Salz, Pfefferkörner, Senfkörner, einigen Wacholderbeeren, 2 Lorbeerblätter, 1 Eßlöffel Zucker, 1 Tasse Essig und Zwiebelringen von 2 Zwiebeln. Den Sud aufkochen lassen und vom Herd ziehen. Dann 4–6 große Schweinsbratwürste hineintun und etwa ein Viertelstunde ziehen lassen. Die Würste in eine Schüssel legen, alle Zwiebelringe und einen Teil des Suds darüber giessen; zu Bauernbrot zu Tisch geben

Nackerte — Rohes Bratwurstgehäck wird mit feingeschnittenen Zwiebeln, Salz, Pfeffer und Paprika vermischt; auf einer mit Butter bestrichenen Scheibe Schwarzbrot essen

Wie die Bratwürste, die der eingesessene Nürnberger eher als Vesper, denn als Mahlzeit betrachtet, werden auch zwei andere Nürnberger Spezialitäten, die Stadtwurst und der Ochsenmaulsalat — in den Gaststätten meist unter der Rubrik ›Kalte Speisen‹ geführt — so zwischendurch gegessen, kaum einmal als Hauptgericht. Auch die

Stadtwurst

besteht nur aus Schweinefleisch, gewürzt mit Salz, Pfeffer, Muskat und Majoran, wird aber in einen etwa 3 cm dicken Schweinsdarm gefüllt. Es gibt weiße Stadtwurst und rote, etwas angeräucherte, immer aber soll sie ›Hausmacher‹ sein. Serviert wird sie in vom Ring abgeschnittenen Portionen von etwa 1/4 Pfund, kalt mit Senf, warm mit Sauerkraut.

Immer kalt gegessen wird der

Ochsenmaulsalat

aus gepökeltem und gekochtem Ochsenmaul, dessen fabrikmäßige Herstellung sich bis ins 19. Jahrhundert verfolgen läßt. Natürlich gibt es auch für diese Gerichte alte und neue Rezepte:

Stadtwurst mit Musik

Von 500 gr Nürnberger Stadtwurst die Haut abziehen und in feine Scheiben schneiden. Man macht sie mit reichlich Zwiebelscheiben, in Essig, Öl, Salz und Pfeffer mit etwas Wasser an. Läßt gut durchziehen und gibt Bauernbrot dazu.

Ochsen- oder Rinds-Maul auf unterschiedliche Arten gut zuzurichten

1. Man nimmt das Ochsen-Maul / nachdeme es wol gesotten und geputzet / mit Nägelein und Zimmet gespicket / auf dem Rost getrocknet / und ein säuerlichtes Ingwer-Brühlein mit Butter / gebranntem Meel und gerösten Speck-Grieben darüber gemachet.
2. Oder / Es wird in Pfeffer / Mandel oder Aepffel-Gescharb eingemachet.
3. Oder / Man zerschneidet es / machet es in eine säuerlichte Zwiebel-Brüh ein / mit Zusatz Kümmel / Ingwer und gelber Gewürtze.
4. Man lässet es wol weich sieden und kalt werden / zerschneidet es hernach in kleine Schnittlein / Thut Essig / Oel / Saltz / Pfeffer / Ingwer / kleingeschnittene Zwieblein oder Citronenschaalen daran / bereitet es wie einen Salat / so hat man ein köstliches Essen.
5. Oder / Man kochet das Rind- oder Ochsen-Maul wie ein gemeines Rind-Fleisch / und mit Essig / Senff oder eingemachten Gurcken aufgetragen.
6. Oder / Man kan das Ochsen-Maul klein würfflicht zerschneiden / und eine gute Lebkuchen-Brühe darüber machen.
7. Oder / Man brätet das Rind-Maul / in Stücklein zerschnitten / auf dem Rost / bestreicht es mit frischer Butter / und bestreuet es mit Ingwer.
8. Man kann ein süsses Brühlein mit Zusatz Rosinen / geschälten Mandeln / Ingwer / Pfeffer / Zimmet / geriebenen Lebkuchen mit Wein / über weich gesottenes Ochsen-Maul machen.

›Das kleine Nürnberger Kochbuch, oder Die Curiöse Köchin . . .‹, Nürnberg 1726

Ochsenmaulsalat

Etwa 2 Pfund Ochsenmaul sauber waschen, alle dunklen Stellen entfernen. In einem Sud aus Suppengrün, Lorbeerblatt, Salz, einigen Pfefferkörnern weich kochen. Nach dem Auskühlen in dünne Scheiben schneiden. In einer Schüssel mit 2 in Scheiben geschnittenen Zwiebeln vermischen und eine Sauce aus Essig, Öl, Salz, Pfeffer und etwas Wasser darüber giessen. Am besten 1 Tag vor dem Anrichten bereiten, da der Salat gut durchziehen soll.

Nürnberger Gwerch

Dazu braucht man je 1/4 Pfund weiße und rote Nürnberger Stadtwurst und je 1/4 Pfund weißen und roten Pressack. Von der Stadtwurst die Haut abziehen und in feine Scheiben schneiden, auch den Pressack in Stücke schneiden. 2–3 Zwiebeln in feine Scheiben schneiden und zusammen mit der Stadtwurst und dem Pressack in Essig, Öl, Salz und Pfeffer und etwas Wasser anmachen und gut durchziehen lassen.

Zwei richtige Hauptmahlzeiten sind dagegen ›Paiterla und Schwemmkniedla‹, ursprünglich ein echtes Sonntagsessen, und Karpfen, wie sie blau oder gebacken vor allem in den traditionellen Fischküchen serviert werden.

Rindfleisch in Peterlein oder Petersilien

Wann man ein Fleisch mit Peterlein oder Petersilien kochen will, wird dasselbe auf gemeine Art im Wasser abgesotten, alsdann das Petersilienkraut, sowohl als die Wurtzeln, reinlich abgewaschen, diese letztere aber abgeschabet, und sodann zu dem Fleisch in die Brüh gethan, ferner eine gute Stund damit gesotten, hernach angerichtet und aufgetragen.
›Die in ihrer Kunst vortrefflich geübte Köchin‹, Nürnberg, 1734

Schwemmkniedla mit Paiterlassooß

Von 1 kg Petersilie mit Wurzeln die Blätter abzupfen, die Wurzeln abschaben und in kleine Stücke schneiden. Beides wird in Fleischbrühe, am besten von einem Stück Ochsenfleisch, dem sog. Brustkern, weich gekocht. Dann legt man die Schwemmklöße dazu, die wie folgt zubereitet werden: 60 gr Butter schaumig rühren, dazu 2 Eier, etwas Salz und 120 gr Grieß, alles tüchtig quirlen und dann mit einem Löffel in die kochende Fleischbrühe zu Fleisch und Peterle einlegen. Die Schwemmklöße sollen sich auf das Doppelte vergrößern, aber in der Mitte noch einen dunklen Kern haben.

Nürnberger Karpfen gebacken

1–2 junge Karpfen werden ausgenommen, geschuppt, gewaschen und quer halbiert und eingesalzen. Aus 2 Eßlöffeln Mehl, etwas Salz, einem Schuß Bier und 2 zu Schnee geschlagenen Eiweiß rührt man einen glatten Teig. Die halbierten Karpfen werden darin gewendet und in schwimmendem Fett lichtbraun gebacken. Man reicht dazu Kartoffelsalat.

Zu all diesen herzhaften Gerichten wird in Nürnberg

Bier

getrunken, meist helles, nicht zu stark gehopftes. Es hat in der Stadt, in deren Umgebung noch nie Weinbau möglich war – schon 1219 wird dies bedauernd festgestellt –, wo aber der Hopfen sehr gut gedeiht, eine

lange Tradition. Um 1330 bestand ein Hopfenmarkt und es wird darauf verwiesen, daß Bier nur unter der Verwendung von Wasser, Hopfen und Gerste gesotten werden dürfe: erste Erwähnung des bekannten bayerischen Reinheitsgebots. Auch die erste bildliche Darstellung eines deutschen Bierbrauers findet sich in einer Nürnberger Handschrift, dem um 1397 entstandenen Hausbuch der Mendelschen Zwölfbruder-Stiftung.
Hergestellt wurde zunächst obergäriges Rotbier, nach 1530 auch das leichtere, weniger gehopfte Weißbier, zunächst wohl in den Privathaushalten, schon recht frühzeitig aber berufsmäßig in eigenen ›berechtigten Bräuhäusern‹. Produktion und Verkauf wurden durch den Rat der Stadt, durch seine Biermesser, Kieser, Visierer und Einleger, streng kontrolliert. Zum Teil braute der Rat auch in eigener Regie und als sich gegen die Mitte des 17. Jahrhunderts der Typ des bayerischen Weizenbiers durchsetzte, behielt sich die Stadt dessen Herstellung vor und errichtete ein eigenes Weizenbräuhaus. Hier braute man ein Bier, von dem es 1787 hieß, es sei ›wegen seiner Süßigkeit anmutig zu trinken‹.
Der Anschluß der Freien Reichsstadt an Bayern erzwang eine völlige Umstellung. Es bildeten sich neue Brauereien, nach dem letzten Krieg Großbetriebe, die heute einen jährlichen Ausstoß von etwa 1,5 Millionen Hektoliter haben.

Geändert hat sich notwendigerweise auch das Gastwirtsgewerbe, wenn sich auch in der Stadt noch immer einige der traditionellen ehem. ›Garküchen‹ finden, dazu jene für Nürnberg einst so typischen kleinen Kneipen, wo man ›nach des Tages Mühen in kleinen Zirkeln zusammensitzt und ein paar Stunden wegplaudert‹. Gerade sie hatten und haben vereinzelt immer noch so liebenswert-skurrile Namen wie ›Zum gläsernen Himmel‹, ›Zum Störchleinskeller‹,, ›Zum Jammerthal‹, ›Zur Himmelsleiter,‹ ›Zum Schmalzkübel‹, ›Zum Essigbrätlein‹, ›Zur Mausefalle‹, ›Zum nackten Bauch‹, ›Zum Mondschein‹, ›Zum Bärleinhuter‹, ›Zum geharnischten Männlein‹, ›Zum Bretternen Meer‹, ›Zum wilden Saukeller‹. Einst so beliebte und auch berühmte Wirtshäuser und Gasthöfe wie die ›Bockelmüllerei‹ an der Ecke des Rathausplatzes; die ›Goldene Gans‹, Ausgangs- und Haltepunkt der Reichspost; das kleine, an die Moritzkapelle angebaute, noch aus dem 14. Jahrhundert stammende Bratwurstglöcklein; die über 300 Jahre alte Fischküche Rackl, um nur einige zu nennen, existieren nicht mehr. Noch immer aber gibt es einige Gaststätten mit langer Tradition, die unverändert, z. T. auch wiederaufgebaut, ein Stück altes Nürnberg verkörpern:

Zum Bärleinhuter — Hutergasse 1
1551 als ›Berleinhuter‹, 1580 als ›Barlehutter‹ genannt, seit 1807 Bärleinhuter

Zur Baumwolle — Adlerstraße 18–20
an der Stelle der ehem. Baumwollbörse; schon im 16. Jahrhundert genannt

Böhms Herrenkeller — Theatergasse 19
Weinstube und Restaurant; seit dem 16. Jahrhundert Weinstube; schon von Hans Sachs in einem Lobgedicht besungen und als ›Herrenkeller‹ bezeichnet; nach teilweiser Kriegszerstörung wiederhergestellt

Bratwurst-Herzle — Brunnengasse 11
In der Herzgasse 11 seit 1526 Garküche, die 1896 Bratwurst-Herzle genannt wird; 1945 zerstört,in der Brunnengasse 11 wiederaufgebaut; traditionelle Rostbratwurstküche

Bratwurst-Röslein — Obstmarkt 1
als Garküche im 16. Jahrhundert erstmals genannt; Wiederaufbau nach Kriegszerstörung 1945; traditionelle Rostbratwurstküche

Essigbrätlein — Weinmarkt 3
seit 1550; 1596 als ›Vässla an dem engen Gässla‹ bezeichnete Weinschenke; seit 1746 Essigbrätlein

Zum goldenen Geier — Geiersberg 11
1632 ›Zum Geier‹, 1760 ›Gulden Geyerlein‹ genannt

Goldenes Posthorn — An der Sebalduskirche
seit 1498, eine der ältesten Weinstuben Deutschlands

Schranke — Beim Tiergärtnertor 3
als Bratwurstküche um 1500 errichtet; 1641 als ›Wirtschaft zur Schranke‹ zum ersten Mal erwähnt; um 1710 ›Goldenes Rößlein‹ genannt, heute auch ›Schlenkerla‹, da u. a. Bamberger Rauchbier ausgeschenkt wird

Wunder	Ottostraße 23 Weinstube, seit dem 16. Jahrhundert
	Dazu kommen einige Gaststätten in historischen Gebäuden, wie
Heilig-Geist-Spital	Speiserestaurant und Weinstube, seit 1953 in der Sude des in der 1. Hälfte des 14. Jahrhunderts gestifteten Heilig-Geist-Spitals
Mautkeller	Bier- und Speiserestaurant im Keller der um 1500 erbauten Mauthalle
Nassauer Keller	Weinstube und Spezialitätenrestaurant im Keller des in den Untergeschossen aus dem 13. Jahrhundert stammenden Nassauer Haus
Ratsstuben	Speiserestaurant im Beheimschen Ratsstubenbau, 1514/15

Literatur

Amman, Hektor: Die wirtschaftliche Stellung der Reichsstadt Nürnberg im Spätmittelalter. Nürnberg 1971

Amman, Jost: Eygentliche Beschreibung aller Staende auff Erden ... Frankfurt 1568

Arndt, Ernst Moritz: Bruchstücke aus einer Reise von Baireuth bis Wien im Sommer 1798. Leipzig 1801

Arnold (Herausg.): Hans Sachs' Werke. Berlin 1883

Aufseß, Hans Max v.: Nürnberg. Frankfurt 1967

Bachmann, Erich: Kaiserburg Nürnberg. München 1967

Barack, Karl August: Ein Lobgedicht auf Nürnberg aus dem Jahre 1490 ... Nürnberg 1858

Beatis, Antonio de: Reisebericht von 1517

Becker, Gottfried Wilhelm: Reisebilder aus Süddeutschland, aufgenommen im Sommer 1836. Leipzig 1837

Berckenmeyer, P. L.: Vermehrter Curieuser Antiquarius, das ist: Allerhand auserlesene Geographische und Historische Merckwürdigkeiten ... Hamburg 1720

Bock, Friedrich: Zur Volkskunde der Reichsstadt Nürnberg. Würzburg 1959

Boener, Johann Alexander: Des Heiligen Römischen Reichs Stadt Nürnberg Zierdte ... Nürnberg 1702

Bonwetsch, Gottlieb Nathanael: Gotthilf Heinrich Schubert in seinen Briefen. Stuttgart 1918

Bosl, Karl (Herausg.): Handbuch der historischen Stätten Deutschlands, Bd. 7 Bayern. Stuttgart 1965

Blainille: Extract aus des Herrn von Blainville Reisebeschreibung, den Zustand von Nürnberg betreffend. Schwabach 1765

Brown, Edward: Durch Niederland, Teutschland, Hungarn, Serbien, Bulgarien, Macedonien, Thessalien, Oesterreich ... gethane gantz sonderbare Reisen. Nürnberg 1686

Brunner, Herbert u. Reitzenstein, A. von: Reclams Kunstführer, Bayern. Stuttgart 1966

Burckhardt, Carl J.: Städtegeist. Nürnberg 1952

Burckhardt, Jakob: Briefe an einen Architekten, 1810—1889. München 1912

Carl Alexander, Großherzog von Sachsen-Weimar-Eisenach: Tagebuchblätter von einer Reise nach München und Tirol im Jahre 1858. Herausg. von Conrad Höfer. Eisenach 1933

Catholy, E.: Das Fastnachtsspiel des Spätmittelalters. 1961

Celtis, Conrad: De origine, situ, moribus et institutis Norimbergae, genannt Norimberga. 1502

Chastel, André und Robert Klein: Die Welt des Humanismus. Europa 1480 bis 1530. München 1963

Cochlaeus, Johannes: Brevis Germanie Descriptio, 1512; Herausg. von Karl Langosch. Darmstadt 1960

Dittmar, F.: Friedrich Schillers Beziehungen zu Nürnberg. Nürnberg 1916

Doppelmayr, Joh. Gabriel: Historische Nachricht von den Nürnbergischen Mathematicis und Künstlern, ... Nürnberg 1730

Ebert, Adam: Auli Apronii vermehrte Reise-Beschreibung von Franco Porto ... Frankfurt 1724

Ebert-Wolf, Marianne: Geschichte des Nürnberger Lebkuchens. Nurnberg 1965

Tagebücher des Freiherrn Joseph von Eichendorff. Herausg. von Wilh. Kosch. Regensburg 1908

Eichhorn, Ernst: Frauenkirche Nürnberg. München 1955

Eichhorn, Ernst: St.-Lorenz-Kirche in Nürnberg. Nürnberg 1974

Esprinchard, Jacque: Europäische Reise 1597 in Franken. Herausg. von L. Chatenay. Rochelle 1957

Falckenstein, Joh. Heinrich v.: Geographische Beschreibung der Reichs-Stadt Nürnberg ... 1733

Fehring, G. P. und Ress, A.: Die Stadt Nürnberg. München 1961

Fischer, H. W.: Das Leibgericht. Darmstadt 1955

Friedensburg, W.: Girolamo Faleti 1547. Nürnberg 1902
Gercken, Philipp Wilhelm: Reisen durch Schwaben, Baiern, die angränzende Schweiz, Franken, die Rheinischen Provinzen und an der Mosel etc. in den Jahren 1779—1783. Stendal 1784
Glossner, Otto: Der St. Johannisfriedhof zu Nürnberg. München 1968
Goldmann, Karlheinz: Weihnachten in Franken. Nürnberg 1970
Goldmayr, Andreas: Irdisches Jerusalem. Mitgeteilt in Sayn-Wittgenstein, Reichsstädte. München 1965
Gregorii, Joh. Gottfried: Geographia Novissima ... Das ist eine sehr nützliche und wohl eingerichtete Land- und Städte-Beschreibung ... Erfurt 1713
Grimm, Jacob: Ungedruckte Briefe. Mitgeteilt von Wilhelm Schoof. Bamberg 1952
Grote, Ludwig: Die romantische Entdeckung Nürnbergs. München 1967
Grote, Ludwig: Nürnberg! Du vormals weltberühmte Stadt! ... Berlin 1950
Grote, Ludwig: Die Tucher. München 1961
Gundling, N. H.: Des Heil. Römischen Reichs Freye Stadt Nürnberg. 1707
Hagen, Friedr. Heinr. v. d.: Briefe in die Heimat aus Deutschland, der Schweiz und Italien. Breslau 1818
Hase, Karl v.: Rhein- und Lenzfahrt des Studiosi Rattenfänger, herausgegeben vom Herrn Magister Autos. 1820/21. Mitgeteilt von W. Buchmüller. Nürnberg 1930
Haß, Kuntz: Eyn new gedicht der loblichen Stat Nürmberg von dem regiment, gebot und satzung eyns erbern weysen Rats. 1490
Hausenstein, Wilhelm: Auf den Spuren der Zeit. Frankfurt 1935
Hebbel, Friedrich: Sämtliche Werke. Ausgabe von R. M. Werner. Berlin 1903
Hecker, Max (Herausg.): Goethes Briefwechsel mit Heinrich Meyer. Weimar 1917
Heeringen, Gustav von: Wanderungen durch Franken. Leipzig 1838
Hess, Jonas Ludwig v.: Durchflüge durch Deutschland, die Niederlande, und Frankreich. Hamburg 1798
Hesse, Hermann: Kurgast — Die Nürnberger Reise. Frankfurt 1962
Heuss, Theodor: Das Germanische Nationalmuseum. Nürnberg 1952
Hirschmann, Gerhard: Die Annalen der Reichsstadt Nürnberg des Ratsschreibers Johannes Müllner von 1623. Nürnberg 1972
Hölderlin, Friedrich: Sämtliche Werke. Herausg. von Adolf Beck. Stuttgart 1954
Hoffmann, E. T. A.: Der Feind. In Dichtungen und Schriften. Weimar 1924
Hoffmann, E. T. A.: Meister Martin der Küfner und seine Gesellen. In: Taschenbuch zum geselligen Vergnügen. 1819
Hoffmeister, Johannes (Herausg.): Briefe von und an Hegel. Hamburg 1952
Hofmann, H.: Nürnberg. Gründung und Frühgeschichte. 1950
Hofmann, Hanns Hubert: Historischer Atlas von Bayern. Teil Franken. München 1954
Hofmann, Hanns Hubert: Die Nürnberger Stadtmauer. Nürnberg 1967
Hopfen und Bier im deutschen Hopfenland. (ohne Verf.). Nürnberg 1904
Humboldt, Wilhelm und Caroline von, in ihren Briefen. Herausg. von Anna v. Sydow. Berlin 1916
Jamnitzer, Christoph: Neuw Grottezken Buch ... Nürnberg 1610. nhg. 1966
Janssonius: Novus Atlas. Amsterdam 1658
Joannis ab Indagine: Wahre und Grund haltende Beschreibung der heutigen Tages weltberühmten des Heiligen Römischen Reichs Freyen Stadt Nürnberg ... Erfurt 1750
Jselin, Jakob Christoff: Neu-vermehrtes Historisch- und Geographisches Allgemeines Lexikon ... Basel 1726
Keller, A. v.: Fasnachtsspiele aus dem 15. Jh., 1853
Keyßler, Johann Georg: Neueste Reisen durch Deutschland, Böhmen, Ungarn, die Schweiz, Italien und Lothringen. Hannover 1751
Klein, Robert und Chastel, André: Die Welt des Humanismus. Europa 1480 bis 1530. München 1963
Vortreffliches Kochbuch. Der aus dem Parnasso ehemals entlauffenen vortrefflichen Köchin, Welche bey den Göttinnen Ceres, Diana und Pomona viele Jahre gedienet, Hinterlassene Und bißhero, bey unterschiedlichen der Löbl. Koch-Kunst befliessenen Frauen zu Nürnberg zerstreuet und in grosse Geheim gewesene Gemerck-Zettul; ... Nürnberg 1702
Das kleine Nürnberger Koch-Buch, Oder: Die Curiöse Köchin, Welche lehret, Wie man nicht allein vornehme Tafeln nach bester Manier des heutigen

Staats, ... mit ... Speisen galant bestellen und versehen könne ... Von einer Nürnbergischen Köchin. Nürnberg 1726
Die in ihrer Kunst vortrefflich geübte Köchin, Oder Auserlesenes und vollständig vermehrtes Nürnbergisches Koch-Buch ... Nürnberg 1734
Die Nürnbergische wohl unterwiesene Koechin ... Nürnberg 1752
Kohlhausen, Heinrich: Nürnberger Goldschmiedekunst des Mittelalters und der Dürerzeit 1240 bis 1540. Berlin 1968
Kosch, Wilhelm: Tagebücher des Freiherrn Joseph von Eichendorff. Regensburg 1908
Kraus, Victor von: Das Nürnberger Reichsregiment. Aalen 1969, Neudruck der Ausgabe Innsbruck 1883
Krautwurst, F.: Die Musik in Geschichte und Gegenwart. Kassel 1961
Kriegbaum, Friedrich: Nürnberg. München 1967
Kusch, Eugen: Nürnberg. Das unvergängliche Antlitz einer Stadt. Nürnberg 1947
Kusch, Eugen: Nürnberg. Lebensbild einer Stadt. Nürnberg 1966
Kusch, Eugen: Unvergängl. Nürnberg. Nürnberg 1973
Kutzen, J.: Das deutsche Land in seinen charakteristischen Zügen und seinen Beziehungen zu Geschichte und Leben der Menschen. Breslau 1867
Lange, Ludwig und Lange, Georg: Original-Ansichten der historisch merkwürdigsten Städte Deutschlands. Darmstadt 1837
Langosch, Karl (Herausg.): Cochlaeus Johannes, Brevis Germanie Descriptio, 1512. Darmstadt 1960
Laubmann, G. v. und Scheffler, L. v. (Herausg.): Die Tagebücher des Grafen August von Platen. Stuttgart 1900
Neu-vermehrtes Historisch- und Geographisches Allgemeines LEXIKON ... Basel 1744
Lochner, Georg Wolfgang Karl: Nürnberger Jahrbücher ... Nürnberg 1833—34
Lochner, Georg Wolfgang Karl (Herausg.): Rosenplüt Hans, Der Spruch von Nürnberg. Nürnberg 1854
Lill, Georg: Deutsche Plastik. Berlin 1925
Longfellow, Henry Wadsworth: Nuremberg. Philadelphia 1888. Neudruck Nürnberg 1928
Ludwig, König v. Bayern: An Nürnberg. in: Nürnbergische Denkblätter ... Nürnberg 1840
Lutze, Eberhard: Veit Stoß. München 1968
Marmier, M. Xavier: Voyage Pittoresque en Allemagne. Paris 1860
Mayer, Friedrich: Führer durch Nürnberg und dessen Umgebung. Nürnberg 1842
Mayer, Moritz Maximilian: Der Nürnberger Geschicht-, Kunst-, und Alterthumsfreund. Nürnberg 1842/43
Melissantes (= Gregorii, Joh. Gottfried): Geographia Novissima ... Das ist eine sehr nützliche und wohl eingerichtete Land- und Städte-Beschreibung ... Erfurt 1713
Merian, Mattheus: Topographia Franconiae, ... Frankfurt 1641
MERIAN: Nürnberg. August 1966
Meyer's Universum oder Abbildung und Beschreibung des Sehenswerthesten und Merkwürdigsten der Natur und Kunst auf der ganzen Erde. Hildburghausen, Amsterdam und New-York 1837
Meynier, Johann Heinrich: Rinaldo's Reisen durch Deutschland. Leipzig 1823
Monconys, Balthasar de: Eine Reise durch Frankenland im Jahre 1663. Herausg. von A. Bechthold. Nürnberg 1925
Montague, Lady Marie Worthley: Briefe während ihrer Reisen in Europa, Asia und Afrika ... Leipzig 1763
Montgomery-Silferstolpe, Malla von: Das romantische Deutschland. Reisejournal einer Schwedin 1825 — 1826.
Mozart. Briefe und Aufzeichnungen. Herausg. von der Internationalen Stiftung Mozarteum Salzburg. Salzburg 1963
Müller, Christian Gottlieb: Kurze Beschreibung der Reichsstadt Nürnberg. Ein Handbuch für Einheimische und Fremde, zunächst aber für Reisende. Nürnberg 1793
Müller, W. L.: Flug von der Nordsee zum Montblank, durch Westphalen, Niederrhein, Schwaben, die Schweiz über Baiern, Franken, Niedersachsen zurück. Skizze zum Gemälde unserer Zeit. Altona 1821
Müllner, Johannes: Die Annalen der Reichsstadt Nürnberg von 1623, herausg. von Gerhard Hirschmann, Nürnberg 1972
Mulzer, Erich: Nürnberger Erker und Chörlein. Nürnberg 1965
Mulzer, Erich: Nürnberg. Hundert Bilder und hundertmal Geschichte. Nürnberg 1974
Mulzer, Erich: Kurzinformation Nürnberg. Gegenwart - Geschichte - Stadtbild. Nürnberg 1975

Münster, Sebastian: Cosmographey oder beschreibung aller Länder ... Basel 1550
Murr, Christoph Gottlieb von: Beschreibung der vornehmsten Merkwürdigkeiten in des H. R. Reichs freyen Stadt Nürnberg und auf der hohen Schule zu Altdorf. Nürnberg 1778
Musper, H. Th.: Altdeutsche Malerei. Köln 1970
Neickelio, C. F.: Museographia oder Anleitung zum rechten Begriff und nützlicher Anlegung der Museorum, oder Raritäten-Kammern ... Leipzig und Breslau 1727
Neues Taschenbuch von Nürnberg. Nürnberg 1822
Nicolai, Friedrich: Beschreibung einer Reise durch Deutschland und die Schweiz im Jahre 1781. Berlin und Stettin 1783
Neff, J. (Herausg.): Urbs Noriberga illustrata von Eobanus Hessus, 1532. Neu herausg. 1896
Neudörffer, Johann: Nachrichten von den vornehmsten Künstlern ... Nürnberg 1546. Abgedruckt nach der Handschrift. Nürnberg 1828
Nürnberg, ehemalige freye Reichsstadt. Fragment eines Buches, nach 1806
Osterhausen, J. K. und Wilder, J. Chr. (Herausg.): Neues Taschenbuch von Nürnberg. Nürnberg 1829
Otremba, Erich: Forschungen zur Deutschen Landeskunde. Bd. 48: Nürnberg. Landshut 1950
Paul, Jean: Palingenesien. Leipzig 1798
Pfeiffer, Gerhard (Herausg.): Nürnberger Gestalten aus neun Jahrhunderten. Nürnberg 1950
Pfeiffer, Gerhard (Herausg.): Nürnberg — Geschichte einer europäischen Stadt. München 1971
Piccolomini, Enea Silvio de': Aeneas Silvius in Europam. Duderstadt 1485. Mitgeteilt von Otto Anders. Nürnberg 1960
Pilz, Kurt: Nürnberg, seine Kunst und seine Künstler. Nürnberg 1960
Pilz, Kurt: St.-Sebaldus-Kirche in Nürnberg. Nürnberg 1974
Willibald Pirkheimer 1470/1970. Dokumente, Studien, Perspektiven. Herausg. vom Willibald-Pirkheimer-Kuratorium. Nürnberg 1970
Plümicke, C. M.: Briefe auf einer Reise durch Deutschland im Jahr 1791 zu Beförderung der National-Industrie und des Nahrungsstandes. Liegnitz 1793
Prioratio, Conte Galleazzo Gualdo: Relatione ... Bericht über Regierung und Gemeinwesen der Reichsstädte Nürnberg, Augsburg, Ulm und Frankfurt. Köln 1668
Pröll, F. X.: Nürnberg und die deutsche Dichtung. Nürnberg 1957
Quandt, J. G. von: Streifereien im Gebiete der Kunst auf einer Reise von Leipzig nach Italien 1813. Leipzig 1819
Rebmann, Georg Friedrich: Wanderungen und Kreuzzüge durch einen Theil Deutschlands von Anselmus Rabiosus dem Jüngeren. Altona 1796
Rebmann, Georg Friedrich: Kosmopolitische Wanderungen durch einen Teil Deutschlands. Herausg. von Hedwig Voegt. Frankfurt/Main 1968
Reicke, Emil: Geschichte der Reichsstadt Nürnberg von dem ersten urkundlichen Nachweis ihres Bestehens bis zu ihrem Uebergang an das Königreich Bayern. Nürnberg 1896
Reifenberg, Benno: Das Abendland, gemalt. Frankfurt 1950
Der getreue Reis-Gefert durch Ober- u. Nieder-Teutschland ... Nürnberg 1686
Reitzenstein, A. v. und Brunner, Herbert: Reclams Kunstführer, Bayern. Stuttgart 1966
Ress, A. und Fehring G. P.: Die Stadt Nürnberg. München 1961
Riesbeck, Johann Kaspar: Briefe eines reisenden Franzosen über Deutschland an seinen Bruder zu Paris. Zürich 1783. Neu herausg. von Wolfgang Gerlach. Stuttgart 1967
Rinck, Christoph Friedrich: Studienreise 1783/84, unternommen im Auftrage des Markgrafen Karl Friedrich von Baden. Nach dem Tagebuch herausg. von Moritz Geyer. Altenburg 1897
Roennebeck, Agathe von: Mein Sommer-Ausflug 1882 nach Nord und Süd. Magdeburg
Rosenfeld, Margareta Johanna: Die wohlunterrichtete Nürnberger Köchin. Nürnberg 1834
Rosenplüt, Hans: Der Spruch von Nürnberg. Nürnberg 1447. Neu herausgeg. von G. W. Lochner. Nürnberg 1854
Roth, Johann Ferdinand: Nürnbergisches Taschenbuch. Nürnberg 1812/13
Sachs, Hans: Sehr Herzliche Schöne und warhaffte Gedicht. Nürnberg 1589
Sachs, Hans: Werke, Herausgeg. von Dr. Arnold. Berlin, Stuttgart 1883
Sayn-Wittgenstein, Franz zu: Reichsstädte. München 1965
Schedel, Hartmann: Liber Chronicarum. Nürnberg 1493

Scheffler, L. v. und Laubmann, G. v.: Die Tagebücher des Grafen August von Platen. Stuttgart 1900
Max von Schenkendorf's sämmtliche Gedichte. Berlin 1837
Schoof, Wilhelm: Jacob Grimms Reise ins Frankenland. Bamberg 1952
C. F. D. Schubart's, des Patrioten gesammelte Schriften und Schicksale. Stuttgart 1839
Schubert, G. H. v.: Der Erwerb aus einem vergangenen und die Erwartung von einem zukünftigen Leben. Erlangen 1854
Schubert, G. H. v.: Wanderbüchlein eines reisenden Gelehrten nach Salzburg, Tirol und der Lombardey. Erlangen 1823
Schmid, Georg Victor: Die mediatisirten freien Reichsstädte Teutschlands. Frankfurt 1861
Schnelbögl, Fritz: Goethe und Nürnberg. München 1961
Schultheiß, W.: Von Nürnbergs Theaterwesen in der Vergangenheit. Nürnberg 1941
Schwemmer, W.: Nürnberg. Ansichten aus alter Zeit Nach den Kupferstichen des Joh. Adam Delsenbach. Honnef 1958
Schwemmer, W.: Johann Adam Klein. Nürnberg 1966
Schwemmer, W.: Adam Kraft. Nürnberg 1958
Seyfried, Johann Heinrich: Poliologia, das ist: Accurate Beschreibung aller vornehmsten Städte / Vestungen / Clöster / Schlösser / Märckte / Pässe / und dergleichen denckwürdigen Gebäuen in EUROPA ... Nürnberg 1702
Siebenkees, Joh. Chr.: Materialien zur Nürnbergischen Geschichte. Nürnberg 1792
Sieghardt, A.: Nürnberg alt und neu. Nürnberg 1954
Smith, William: A Description of the Cittie of Norimberg. 1594. In Mitteilungen des Vereins für Geschichte der Stadt Nürnberg. Nürnberg 1958
Stafski, Heinz: Der jüngere Peter Vischer. Nürnberg 1962
Stein, Erwin (Herausg.): Monographien Deutscher Städte. Nürnberg. Berlin 1927
Stifter, Adalbert: Briefe. Tübingen 1936
Strombeck, Friedrich Karl v.: Darstellungen aus einer Reise durch Deutschland und Italien im Jahre 1835. Braunschweig 1836
Sydow, Anna v. (Herausg.): Wilhelm und Caroline von Humboldt in ihren Briefen. Berlin 1916
Tafur, Pero: Andanças é viajes de Pero Tafur por diversas partes del mundo avidos (1435—39). Madrid 1874. Mitgeteilt von Anders Otto in Mitteilungen des Vereins für Geschichte der Stadt Nürnberg. Nürnberg 1960
Tieck, Ludwig: Bericht über die Reise durch Franken an Bernhardi. Erlangen 1793. In Varnhagen v. Ense: Aus dem Nachlaß. Leipzig 1861/74
Tieck, Ludwig: Franz Sternbald's Wanderungen. Berlin 1843
Tischbein, Heinrich Wilhelm: Aus meinem Leben. Herausg. von Kuno Mittelstädt. Berlin 1956
Tittmann, Julius: Die Nürnberger Dichterschule. Wiesbaden 1965
Tucher, Endres: Baumeisterbuch der Stadt Nürnberg (1464—1475). Herausg. von M. Lexer, Stuttgart 1862. Neuausgabe Amsterdam 1968
Vogelweide, Walter von der: Sprüche, Lieder. Darmstadt 1955
Voit, Joh. Peter: Faßliche Beschreibung der gemeinnützlichsten Künste und Handwerke für junge Leute ... Mit einer Blattfolge von Ambrosius Gabler. Nürnberg 1790
Volckamer, Joh. Chr.: Nürnbergische Hesperides oder gründliche Beschreibung der edlen Citronat, Citronen und Pomeranzen Früchte ... Nürnberg 1708
Wackenroder, Wilhelm Heinrich: Herzensergießungen eines kunstliebenden Klosterbruders. Berlin 1797
Wackenroder, Wilhelm Heinrich: Reisebriefe. Herausg. von H. Höhn. Berlin 1938
Wagenseilii, Joh. Christophori: De Sacri Rom. Imperii Libera Civitate Noribergensi commentatio. Altdorf 1697
Weber, Karl Julius: Deutschland oder Briefe eines in Deutschland reisenden Deutschen. Stuttgart 1826
Wehrhan, Otto Friedrich: Umschau in Deutschland, Frankreich und der Schweiz. Leipzig 1840
Weigel, Christoph: Abbildungen Der Gemein-Nützlichen Haupt-Stände... Regensburg 1698
Werminghoff, Albert: Conrad Celtis und sein Buch über Nürnberg. Freiburg 1921
Wilmsen, F. Ph.: Erzählungen von einer Reise durch einen großen Theil Deutschlands und der Schweiz im Jahre 1796. Berlin 1798
Würfel, Andreas: Diptycha ecclesiarum oppidis et pagis Norimbergensis, ... Nürnberg 1756
Zirnbauer, Heinz: Musik in der alten Reichsstadt Nürnberg. Nürnberg 1965

Register

Danken möchte ich allen, die durch ihre Hilfe zum Entstehen dieses Buches beitrugen:
den Damen und Herren des Kulturreferats und der Pressestelle der Stadt Nürnberg, der Fremdenverkehrsämter Nürnberg und Nordbayern, der Museen und Archive für nützliche Hinweise;
den Pfarr- und Hausherrn, die mir die Innenaufnahmen und Aufnahmen von oben ermöglichten;
den Damen und Herren des Kupferstichkabinetts und der Bibliothek des Germanischen Nationalmuseums sowie der Stadtbibliothek Nürnberg, die sich aufopfernd um die Beschaffung der Graphiken und der Literatur bemühten;
Frau Maria Kreutz für den unentwegten Beistand mit Rat und Tat.

In gleicher Art und Ausstattung erschienen von
Ursula Pfistermeister

Romantische Straße

232 Seiten mit 40 Farbtafeln und 39 Schwarzweiß-Abbildungen, Format 19 x 21 cm. Cellophanierter Pappband DM 34,–

Teils in eigenen Texten, teils in einer Sammlung historischer Schriften entwirft die Autorin und Fotografin ein Bild der alten Burgenstraße vom Main zu den Alpen, von Würzburg nach Füssen.
Sie illustriert den ersten Teil mit Reproduktionen alter Stiche, die ausgezeichnet zu den Auszügen aus der Literatur passen, um dann im zweiten Teil mit den ganzseitigen Farbtafeln ein anschauliches, stimmungsvolles Bild der Gegenwart zu entwerfen. Der dritte Teil behandelt ausführlich und fundiert die Geschichte der Landschaften und Städte mit ihrer Kunst und Architektur, gibt Hinweise für Naturfreunde und Erholungssuchende und stellt den wichtigsten Bestand der Museen vor; er berichtet außerdem von Brauchtum, Essen und Trinken. Eine Karte auf den Vorsatzblättern des Buches, auf denen die Route eingezeichnet ist, dient als roter Faden für den Leser.
Ein schöner, gelungener Bildband, darüber hinaus ein liebenswürdiger Führer: ein Buch für Planung, Fahrt und Erinnerung.

Fränkische Schweiz - Hersbrucker Schweiz

4., verbesserte Auflage. 172 Seiten mit 32 Farbtafeln und 40 Schwarzweiß-Abbildungen, Format 19 x 21 cm. Cellophanierter Pappband DM 24,–

Hier entstand ein ungewöhnlich kenntnisreiches Portrait der liebenswerten Landschaft, in der die Autorin zu Hause ist. Es ist dreigeteilt in einen historischen Rückblick mit alten Stichen, eine ausführlich erläuterte Farbfotofolge mit durchwegs ganzseitigen Bildtafeln und einen Sachteil mit rasch informierendem Überblick über Geologie und Geschichte, Flora und Fauna, Kunst und Kulinarisches und alle Möglichkeiten zur Freizeitgestaltung. Diese Mischung aus Bildband, Reiseführer und Beschreibung ergibt die Monographie einer Landschaft, wie es sie bisher nicht gab.

VERLAG HANS CARL NÜRNBERG

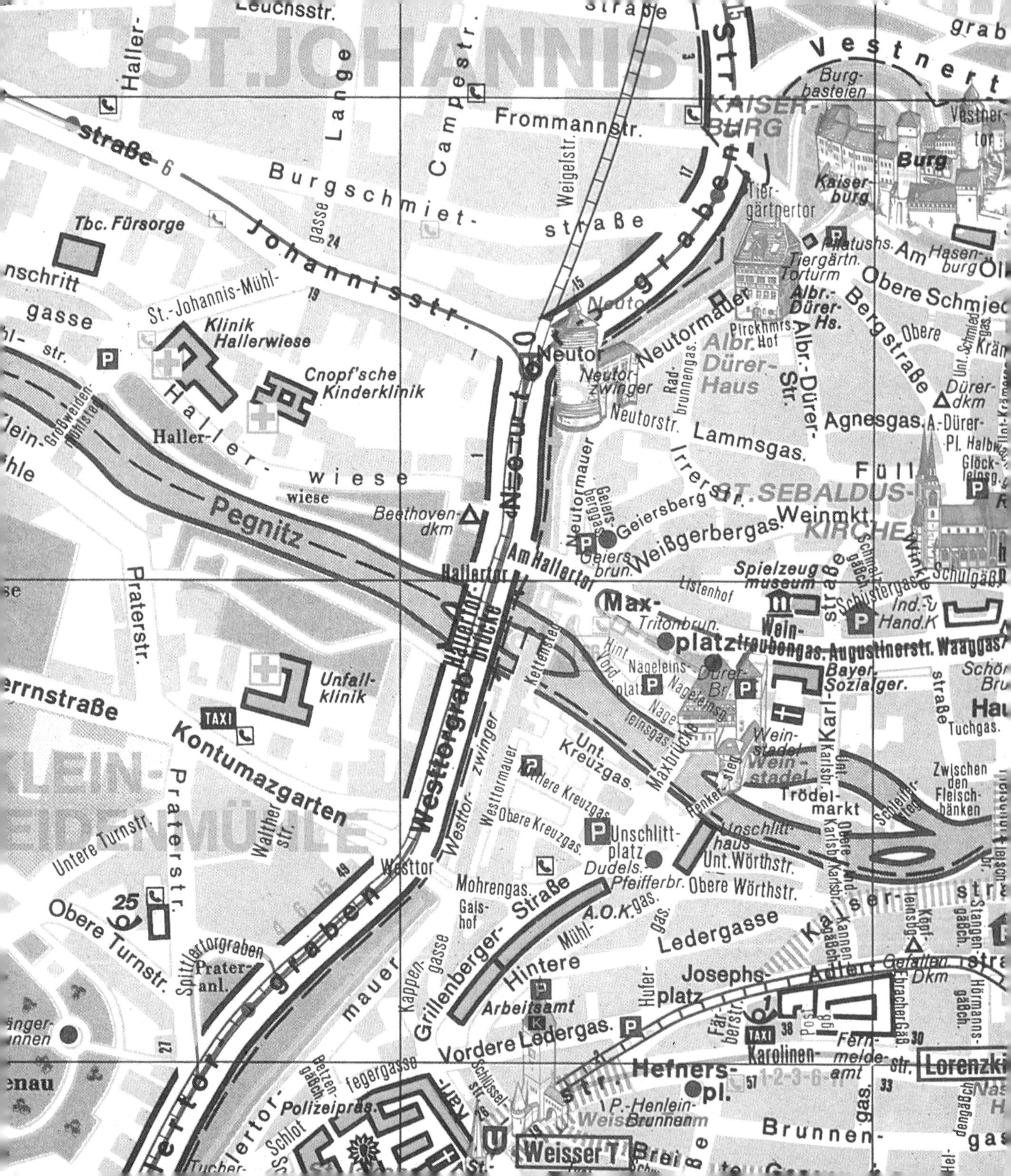

ST. JOHANNIS
KAISER-BURG
Burg
Kaiserburg
Burgbasteien
Vestnertor
Vestnertorgraben
Tiergärtnertor
Pilatushs.
Am Hasenburg
Tiergärtn. Torturm
Albr.-Dürer-Hs.
Albr. Dürer-Haus
Albr.-Dürer-Str.
Pirckhmrs. Hof
Neutor
Neutorzwinger
Neutormauer
Neutorgraben
Neutorstr.
Radbrunnengas.
Lammsgas.
Agnesgas.
A.-Dürer-Pl.
Dürer-dkm
Bergstraße
Obere Schmiedgasse
Füll
ST. SEBALDUS-KIRCHE
Weinmkt.
Irrerstr.
Geiersberg
Geiersbrun.
Weißgerbergas.
Spielzeugmuseum
Schustergas.
Ind.- u. Hand.K
Max-platz
Tritonbrun.
Weintraubengas.
Augustinerstr.
Waaggas.
Hallertor
Am Hallertor
Hallertorbrücke
Kettensteg
Nägeleinsplatz
Nägeleinsg.
Dürer-Br.
Bayer. Sozialger.
Karlstraße
Maxbrücke
Weinstadel
Henkersteg
Trödelmarkt
Schleiersteg
Zwischen den Fleischbänken
Unschlitthaus
Unt. Wörthstr.
Obere Wörthstr.
Unschlittplatz
Dudels.
Pfeifferbr.
Unt. Kreuzgas.
Mittlere Kreuzgas.
Obere Kreuzgas.
Westtormauer
Westtorzwinger
Westtorgraben
Westtor
Mohrengas.
Galshof
Straße
A.O.K.
Mühlgas.
Ledergasse
Kaiserstr.
Josephsplatz
Hintere Ledergas.
Vordere Ledergas.
Grillenberger-Straße
Kappengasse
Arbeitsamt
Hufergas.
Adlerstr.
Gefallen Dkm
Färberstr.
Karolinenstr.
Fernmeldeamt
Post
Lorenzki
Hefners-pl.
P.-Henlein-Brunnen
Brunnengas.
Weisser T
Polizeipräs.
Schlüsselstr.
Fegergasse
Betzengäßch.
Tucher-
Frommannstr.
Weigelstr.
Campestr.
Lange
Burgschmietstraße
Johannisstr.
Hallerstraße
Tbc. Fürsorge
St.-Johannis-Mühlgasse
Klinik Hallerwiese
Cnopf'sche Kinderklinik
Hallerwiese
Großweidenmühlsteg
Pegnitz
Beethoven-dkm
Praterstr.
Unfallklinik
Kontumazgarten
Sternstraße
KLEINWEIDENMÜHLE
Untere Turnstr.
Obere Turnstr.
Waltherstr.
Spittlertorgraben
Prateranl.
Spittlertormauer
TAXI